55
Fabulous Women
in America

アメリカのめっちゃスゴい女性たち

Machiyama Tomohiro
町山智浩

マガジンハウス

アメリカのめっちゃスゴい女性たち

55

Fabulous Women in America

はじめに

　この本は15年間アメリカに暮らした私が「スゴい！」「カッコいい！」と感動したアメリカ女性たち55人について書いたエッセイ集です。

　彼女たちは政治家、科学者、経営者、スポーツ選手、作家、運動家など、それぞれの領域でアメリカを動かし、世界に影響を与えています。ただ、ヒラリー・クリントンとかレディ・ガガとか、日本でも既によく知られている女性たちよりも、「もっと日本の女性にも知って欲しい」と思った女性たちを多めにしました。

　また、最初から恵まれている人よりも、多くの障害を乗り越えた人を多く取り上げました。女性というだけでなく、人種、民族、貧困、身体障害、親によって絶望的に未来を阻まれたが、逆にそれによって誰よりも強くなった人々です。

「それはいいけど、ところで、これを書いてるあんた誰？　なんでアメリカなの？」という読者の皆さんのために、ここでいったん自己紹介をさせていただきます。

　１９９７年、私は34歳の時に10年以上働いた出版社を辞め、アメリカの大学院に入る妻に同行して、渡米しました。1年間で修士を取った妻はアメリカのＩＴ企業に就職し、子どもが生まれたのでアメリカに永住することになりました。

今は、カリフォルニア州バークレーという町に住んでいます。朝、妻が車で出勤し、娘が学校に行った後、私は家で机に向かって、アメリカ映画について日本の雑誌に原稿を書きます。夕方、晩御飯を作って、帰ってくるカミさんを待ちます。

こんな夫は近所に大勢います。一軒置いて隣のジョシュはフリーの声優ですが、不動産業の奥さんが出勤した後、自宅のガレージを改造したスタジオで自分の声を録音編集していま す。ＦＲＢ（連邦準備銀行）に勤める奥さんを持つジョンはヨット三昧。小学校の事務長を務める奥さんを持つグレンは庭で無農薬野菜作り。

アメリカでは現在、妻の方が収入の多い世帯は、なんと全体の４割になりました。2013年には、男以上に稼ぐ女性たちについて調査研究したノンフィクション『リッチャー・セックス』も出版されました。著者のワシントン・ポスト紙の記者リザ・マンディは、女性の収入が上がったのは、今まで男に支配されていた技術職や専門職、管理職、それに経営に女性が進出したからだと書いています。

その理由のまずひとつは、女性の高学歴化。現在、アメリカの大学院の修士課程の６割は女性、博士課程でも52％が女性です。大学院に入るのは、ウチの妻のようにいったん社会人として働いて学費を貯めた30歳以上の人々が多いそうです。アメリカではいくつになっても大学に戻れて、再就職も難しくないわけです。

もうひとつの理由は「ガラスの天井」が壊れつつあるということ。就職時に会社側が志望者の性別、年齢、既婚未婚、子どもの有無を尋ね、それによって採用不採用を決めることは雇用機会平等法によって禁じられましたが、女性はたとえ就職しても人事を仕切っているのは男ですから、まるで見えない天井に遮られるように、なかなか昇進できませんでした。それを「ガラスの天井」と呼んだわけですが、女性たちが実力を示すことで、それを少しずつ打ち破っていきました。

現在、アメリカの企業の管理職の43%、役員の14%が女性です。世界的な巨大企業のトップにも女性は少なくありません。本書に登場する女性の他に、フェイスブックのシェリル・サンドバーグ、コンピュータの最大手IBMのヴァージニア・ロメッティ、オラクルのサフラ・カッツ、ディズニーABCテレビジョンのアン・スウィーニー、投資銀行フィデリティのアビゲイル・ジョンソン、マクドナルドのジャン・フィールズなど、数えればきりがありません。

政治の分野では、オバマ大統領が史上かつてないほど積極的に女性を要職に起用し続けています。まず彼は2008年に就任すると、外務大臣にあたる国務長官にヒラリー・クリントン、テロなどの攻撃からアメリカを守る国土安全保障長官にイタリア系のジャネット・ナポリターノ、国連大使にアフリカ系のスーザン・エリザベス・ライスを任命。また、三権分立において大統領と並ぶ力を持つ最高裁判事に、ユダヤ系のエレナ・ケイガン、プエルトリコ系のソニア・ソトマイヨールと二人連続して女性を指名しました。女性というだけでなく、少数民族が多い点も画期的でした。

この後も、オバマの女性任命は続きます。大統領の身を守るシークレット・サービス長官にジュリア・ピアソン、ビジネス政策を担う商務長官にペニー・プリツカー、オバマ大統領がついに実現した国民健康保険を担当する保険福祉省長官にキャサリン・シベリウス、史上最大の財政赤字と戦う行政管理予算局長にシルヴィア・マシューズ・バーウェル、国立公園などを管理する内務長官にサリー・ジュエル、環境保護庁長官にリサ・ジャクソン、CIAの副長官にアブリル・ヘインズ……。ちなみに現在CIA職員の約半分は女性だそうです。

そして、2014年2月、FRB（アメリカ連邦準備銀行）の議長にジャネット・イエレンが就任しました。FRB議長はアメリカだけでなく、世界の経済政策を左右します。2008年にはグリーンスパン議長の政策の失敗で世界的な金融崩壊が起こりました。それを立ち直らせる重職に史上初めて女性が指名されたのです。

アメリカがこうなるまでには多くの女性たちの長い戦いがありました。昔、女性は選挙権すら持っていませんでした。婦人参政権運動のデモを男たちが暴力で妨害したこともありました。人権を奪われた者同士ということで、女性たちは黒人奴隷制に激しく反対しましたが、南男たちはその集会場も焼き打ちにしました。結局、南北戦争で奴隷は解放されましたが、南部ではその後も人種隔離は続き、黒人の参政権は奪われたままでした。それに対して最初に立ち上がったのも一人の黒人の女性でした（本文ローザ・パークス参照）。女性たちは戦ってアメリカの歴史を変えてきたのです。そして今は、企業や政府のトップでアメリカを、世界をリードしています。

しかし、日本の企業の女性管理職率は11・1％。先進国でも韓国と並んで最低です。女性役員になると日本ではたったの1％、100人に1人しかいません。ああ、もったいない。本書にあるように、GMやペプシ、ゼロックスをドン底から救い、生まれ変わらせたのは女性経営者でした。低迷する日本企業の救世主となれる女性たちは、その才能を発揮することのないまま、どこかに埋もれているのでしょう。アメリカでは2016年にヒラリー・クリントンが史上初の大統領になることが濃厚な時代に。

男女に関係なく、決して負けない人々の人生は、人をワクワクさせてくれます。元気にしてくれます。だから映画と同じように、そのワクワクを日本の人たちに伝えたくて、この本を書きました。女性も男性も、読んでワクワクしてもらえるとうれしいです。

「その国が発展していくかどうかは、女性の扱い方を見ればわかる。
女性が高い教育を受け、女性が平等な権利を持っている国は前進するだろう」

バラク・オバマ

目次

はじめに 2

1 オプラ・ウィンフリー
オバマ当選にもっとも貢献した人物。米TV界の超大物は、資産10億ドル。 16

2 タイラ・バンクス
モデル志願の素人をしごく爆乳司会者。その鬼コーチっぷりに全米がビビった！ 20

3 キャスリン・ビグロー
ジェームズ・キャメロンの元妻の映画監督。『アバター』のヒロイン、モデルは彼女!? 24

4 インドラ・ヌーイ
ペプシを脱ジャンクフードさせた天才経営者の仕事着はサリー。 27

5 エレン・デジェネレス
スポンサーも廃業も恐れずカミングアウト。
人気はさらに上がり、女優と合法結婚も。 30

6 アラウンド60の三聖女
金融無法地帯を行く、アラウンド60の賢女。
〝家計〟を見張るのは、やっぱり女性？ 33

7 ジョーン・リバース
全身整形で芸能界をサバイブする毒舌女王。
お笑い道まっしぐらで、人生を謳歌する。 36

8 メグ・ホイットマン
カリフォルニア州知事選挙に出馬した、
経済界の女傑は、女性初のビリオネア。 39

9 チェルシー・ハンドラー
セックス話にセレブへの毒舌と、タブーなし。
自分ネタは、本でもベストセラー連発中。 42

10 レイチェル・レイ
食材も計量も、ざっくりすぎる料理研究家。
それでも大人気なのは、愛嬌のせい？ 45

11 ヴェラ・ウォン
フィギュア・スケート界からの華麗な転身。
ウェディング・ドレスの女王の次の野望は？ 48

12 エリザベス・エドワーズ
ハンサム政治家を支え続けた、妻の鑑？
笑顔の裏の波乱の人生に全米女性が共感。 51

21 リズ・マーレー
ホームレス少女が、名門ハーバード大学へ。
どん底生活者のために、今日も戦う。
80

22 アリス・ウォーターズ
オーガニックの思想を発信し続ける、
料理界のワンダーウーマン。
83

23 アマンダ・ホッキング
出版社に断られ続けた小説を電子出版。
いまや億万長者も、オタクぶりは直らず。
86

24 キャシー・アイルランド
あのマーサ・スチュワートをついに超えた、
元グラドルのカリスマ主婦。
89

25 クリステン・ウィグ
バツイチアラフォーのリアルさが大受け。
キワモノネタもさばく、コメディ作家。
92

26 ダニカ・パトリック
サーキットを疾走する黒髪の美女レーサー。
死をも恐れぬ果敢さは、本物のプロ。
95

27 レナ・ダナム
悲惨すぎる負け犬ライフをドラマに。
自作自演もここまでいけば、お見事。
98

28 ケイラ・ハリソン
柔道コーチがセクハラなのは世界共通?
金メダリストを奮い立たせた辛い過去。
101

53 メアリー・バーラ
世界第2位の自動車会社GMのCEOはGMに育てられた「カー・ガール」 181

54 アントワネット・タフ
小学校乱射事件を食い止めた、帳簿係の苦難の人生。 184

55 リジー・ヴェラスケス
「世界一醜い女」と呼ばれて奮起。人々に希望と勇気を与える講演者に。 188

＊本文中に出てくる年齢は、２０１４年に誕生日が過ぎた時点でのものです。

アンアン1690号(2010年1月6日発行)〜1878号(2013年10月23日発行)に
連載されたものに、大幅加筆しました。52話〜55話は書き下ろしです。

カバーイラストレーション
中村佑介

ブックデザイン
鈴木成一デザイン室

写真提供:アフロ、ゲッティイメージズ(p168, 171)

オバマ当選にもっとも貢献した人物。
米TV界の超大物は、資産10億ドル。

No.1
Oprah Gail Winfrey

オプラ・ウィンフリー

'54年生まれ。25年間続いた『オプラ・ウィンフリー・ショー』は、'01年5月25日放送を最後に終了した。女優としてアカデミー賞にノミネートされた経験も。

「アメリカで最も影響力のある人物」「あらゆるメディアの女王」と呼ばれ、長者番付の常連。でも日本では全然知られてない人。それがオプラ・ウィンフリー（55歳）だ。

'84年、当時30歳の彼女がシカゴのローカルTV局で始めた主婦向けモーニングショーは、わずか2年で全米ネットワークに拡大、毎週4千２００万人が観る国民番組になった。

それまでアメリカの主婦向けショーは芸能ニュースと流行チェックが中心（主婦はそれを観ながら自堕落にジャンクフードを食べて太っていった）。ところがオプラは食品会社のスポンサーを気にせず、ヘルシーな食生活を提唱し、自ら30キロのダイエットをやり遂げた。芸能誌やファッション誌だけでなく人生の糧になる本を読もうと呼びかけ、彼女が番組で推薦した本は放送の翌日までに100万部も売れたという。そうして、全盛期の勝間和代とみのもんたを足してパワーアップさせたようなライフスタイルの教祖になったのだ。

創刊した雑誌は200万人が購読。'90年代には女性のためのTVチャンネルを開局し、巨大なメディア帝国を築き上げた彼女は、黒人女性として初めて、夫の資産や遺産相続に頼らないでビリオネア（資産10億ドル、約1千億円）にのし上がった。

さらにオプラはリッチだけどケチじゃなかった。性的虐待者を告発した勇気ある少女たちに1千万円の賞金を出し、ハリケーン・カトリーナの被害者には10億円を寄付、南アフリカの子どもたち5万人にクリスマスの贈り物をし、ついには番組に集まった観客全員に新車をプレゼントした。

そんなアメリカで最もリッチな女性は貧しく過酷な少女時代を送った。南部ミシシッピの田舎町に生まれた時、母親はまだ18歳で未婚だった。すぐに両親は別れ、母は仕事を求めて姉と共にウィスコンシンに行き、父はテネシー州ナッシュビルで別の女性と家庭を持った。オプラは二人の間を行ったり来たりしながら育った。9歳の時、母とその姉の家にいたオプラは留守番している間に、従兄にレイプされた。彼はその後、アイスクリームをオプラにあげて「黙ってろよ」と言った。その後、彼女は母のボーイフレンドや叔父に何度もレイプされ続けたが、母親は娘の苦しみにまるで無関心だった。

しかし、オプラは5歳で完璧に英語を読み書きする天才でもあった。学校では学年を次々にスキップ（飛び級）し、13歳で優秀な名門高校に推薦入学した。その高校ではオプラが最初の黒人生徒だった。

それでも母親はオプラに冷たかった。14歳の頃、彼女はグレ始め、悪い仲間と付き合い始めた。母はオプラの養育を放棄し、父親にゆずり渡した。その時、オプラは妊娠していた。7か月で早産した赤ん坊は生後2週間で死んだ。

青春を彷徨うオプラを救ったのは一冊の本だった。マヤ・アンジェロウの自伝『歌え、翔べない鳥たちよ』である。アンジェロウはオプラと同じく貧しい黒人家庭に生まれ、少女の頃にレイプと妊娠を経験し、様々な苦難を経た末、自分の言葉で人々を動かす詩人になった。「私の存在を初めて認めてくれたのがその本でした」と語るオプラはアンジェロウのように自分を語りたいと願い、パブリック・スピーチに打ち込んだ。

スピーチ大会で優勝した彼女は賞品として奨学金を獲得し、17歳で早くも大学に進学、在学中、地元のラジオ局にスカウトされ、パーソナリティになった。そして22歳の時、地元テネシーのＴＶ局で初めて黒人女性のニュースキャスターに抜擢、その8年後には「オプラ・ウィンフリー・ショー」を始めるのだから、何もかも他の誰よりも早い人生だった。

オプラはオバマを大統領にした女でもある。'08年の大統領選挙で彼女がオバマを支持し、莫大な女性票が集まったからだ。投票すると車がもらえると思ったのかもね！

モデル志願の素人をしごく爆乳司会者。
その鬼コーチっぷりに全米がビビった！

No.2
Tyra Banks

タイラ・バンクス

1973年生まれ。2003年に始まったリアリティ番組『アメリカズ・ネクスト・トップ・モデル』は世界中でリメイクされるほどの人気。前回取り上げた実業家のオプラを師と仰ぐ。

黒人のスーパーモデルといえば日本ではナオミ・キャンベルが有名だが、ナオミは気に入らない人たちをケータイで殴る癖があって三度も逮捕された大バカ女。タイラ・バンクスのほうがずっといいよ。

タイラ・バンクスはコンピュータ・コンサルタントの父とNASAのカメラマンの母という理系家庭に生まれ、学校の成績は良かったが、やせっぽちで眼が大きいので学校ではイジメられたという。15歳からモデルを始め、17歳でマイケル・ジャクソンの『ブラック・

オア・ホワイト』のPVに出演して、「この美少女は誰？」と注目された。モデルとしてはロリ顔と爆乳で高級下着ブランド『ヴィクトリアズ・シークレット』のトップモデルになり、黒人として初めて『スポーツ・イラストレイテッド』誌の水着特集号の表紙を飾った。

しかし胸が大きすぎるのはハイファッションのモデルとしては不利だった。トップはケイト・モスみたいな貧乳ばかりだから。

タイラ・バンクスは見た目より頭で勝負することに決めた。名門ＵＳＣとＵＣＬＡ両大学に合格するほど頭も良かった彼女はマルチ・タレントへの道を選び、まずコメディアン養成所でスタンダップ（しゃべくり漫談）の技術を磨き、自分が司会の番組企画をテレビ局に売り込んだ。それが『アメリカズ・ネクスト・トップ・モデル』だ。

モデル志願の素人たちを競わせてデビューさせる番組で、たちまち大人気に。見ものはプロデューサー兼司会兼鬼コーチ役のタイラがモデル志願者たちをシゴキまくる姿。脱落者が無表情のまま帰ろうとすると「アンタ悲しくないの？　悔しくないの？　命かけてないから落ちたのよ！」と説教するタイラが全米をビビらせた。

その勢いで『タイラ・バンクス・ショー』が始まった。女性向けトークショーだがタイラは体を張った。自ら特殊メイクで体重２００キロの超デブに変身して街を歩き、彼女を見て眉をひそめ、あざ笑う男たちを隠し撮り。肥満女性に対する差別を糾弾したのだ。

司会者として大成功したタイラはモデル業から遠ざかり、本当に太ってしまった。ぽっちゃり水着姿をパパラッチした写真を載せた女性誌が「タイラはデブ！」と騒ぐと、彼女は「ガリガリ女よりセクシーよ！」とテレビでぽっちゃりボディを披露。画面にお尻を向けて「このプリプリ尻にキスしな！」と捨て台詞を吐いた。

タイラ・バンクスは自分のテレビ番組の製作のため、バンカブル・プロダクションという会社を立ち上げた。ちなみにバンカブルは「金になる」という意味。そして2011年、タイラは突然、名門ハーバード・ビジネス・スクールの経営者コースに入学した。

「カッコつけのためにハーバードなんか行っちゃって」とネットなどで叩かれたが、彼女は優秀な成績を修めて卒業、教授たちの前で見事なスピーチをこなして、ハーバードの学内誌でも絶賛された。そして自ら投資会社フィアース（猛烈）キャピタルを創立して、ベンチャービジネスを援助育成している。「カッコつけ」どころか「猛烈」だよ。

そんなバリバリのデキる女タイラも男運は悪かった。尊敬するオプラ・ウィンフリーのショーに出演して、二年間つきあっていたプロバスケットボールのスーパースター、クリス・ウェッバーのDVに苦しんでいたと告白して泣き崩れた。タイラの完璧さをウザく思っている人も、これでちょっと彼女に同情しただろう。

と思ったら、2014年、タイラはシャーヴィン・ピシェヴァーと交際中と報道された。ピシェヴァーはイラン生まれのカリスマ投資家で、その資産は数十億ドルとのこと。彼氏まで超一流じゃ、スキがなさすぎて嫌われるぞ！

ジェームズ・キャメロンの元妻の映画監督。
『アバター』のヒロイン、モデルは彼女!?

No.3
Kathryn Ann Bigelow

キャスリン・ビグロー

'51年生まれ。ジェームズ・キャメロンとは'89年に結婚。2年で離婚。2009年、『ハート・ロッカー』でアカデミー監督賞を受賞。

'09年のアカデミー賞は作品賞と監督賞で『アバター』と『ハート・ロッカー』が激突した。面白いのは、この二本の映画の監督であるジェームズ・キャメロンとキャスリン・ビグローが、実は元夫婦ということだ。

キャスリン・ビグローはスーパーモデルみたいな長身の美女だが、デビュー以来徹底して骨太の男性的アクション映画だけを作ってきた。なかでも『ハートブルー』はサーファーの銀行強盗団に潜入するＦＢＩ捜査官（キアヌ・リーヴス）の物語で、半裸の筋肉美の男たちが友情と暴力をぶつけ合う、女の入り込むスキマは1ミリもない映画だった。

『ハート・ロッカー』も男だけの世界だ。イラクでテロリストが仕掛けた爆弾を処理する特殊部隊。一瞬の判断が生死を分ける極限の仕事。最初は反目し合っていた男たちは、力を合わせて死線を越えた後、服を脱いで裸の体を殴り合って友情を確かめ合う。それはどう見てもボーイズラブ。

この映画をビグローは実際に中東で撮影した。美女が男たちを怒鳴りつけ、戦争映画を撮る姿を見て、チャドルで顔を隠さなければならないアラブの女性はどう思っただろう。

そんなビグローにジェームズ・キャメロンは恋をした。彼が作った『エイリアン2』や『ターミネーター2』それに『アバター』を見ればわかるように、キャメロンは銃を振り回して男を蹴散らすたくましい女性が三度のメシより好きだった。ビグローはまさに彼の映画のヒロインがスクリーンから出て来たような女性だった。二人は2年で離婚したが、離婚後もキャメロンはビグロー監督作『ストレンジ・デイズ』の脚本を書いている。ヴァーチャル・リアリティに逃避してばかりのヘナチョコ男がマッチョな美女に助けられる話だった。それはキャメロンとビグローの関係を象徴してないか？

2002年、キャスリン・ビグローは製作費1億ドルの超大作『K-19』を企画、監督。ソ連の原子力潜水艦事故を描いた実録ドラマだったが、重く、色気のカケラもない内容のせいで大コケ。その後7年間も彼女はハリウッドで仕事を干されていた。そのビグローが『ハート・ロッカー』で見事にカムバックし、キング・オブ・ザ・ワールドである元夫とアカデミー賞を争うことになろうとは……。『アバター』の大きくて青い「もののけ姫」も身長183センチのビグローの思い出かも。

結果、アカデミー賞は『ハート・ロッカー』が制し、ビグローは史上初の女性として監督賞を受賞した。受賞後最初の映画は『ゼロ・ダーク・サーティ』。2011年のオサマ・ビン・ラディン暗殺作戦を描いた実録映画で、CIAの秘密諜報部員が主人公。これがビグローには珍しく女性。演じるジェシカ・チャスティンは仲間を何人も殺されながら、ビン・ラディンを追い詰めていくうちに、強くたくましいスパイへと変貌していく。無理解な上司からどんなに舐められても根気強く戦い続けるヒロインには、男が支配する映画業界で、男の観るアクション映画ばかり作り続けて来たビグロー自身が投影されている。なにしろ、レイバンのサングラスをかけ、砂漠に凛々しく立つその姿はキャサリン・ビグローそっくりだから！

ペプシを脱ジャンクプードさせた
天才経営者の仕事着はサリー。

No.4
Indra K. Nooyi

インドラ・ヌーイ

'55年生まれ。ペプシコーラでおなじみのペプシコの会長＆CEO。中国、中東諸国、そして母国インドでの事業拡大に貢献。'10年には米CNNの「アジアで最も力のある女性8人」にも選ばれた。

『タイム』誌の「世界に最も影響力のある100人」に選ばれ、フォーブス誌の「世界で最も力のある女性」でヒラリー・クリントンを抜いて第3位にランクされたインドラ・ヌーイはペプシコーラでおなじみ、年商38億ドルの世界企業ペプシコのCEO。エグゼクティヴ・スーツではなく民族衣装サリーを着たインド女性だ。

ヌーイはインドのマドラス（現チェンナイ）市の中産階級の家庭に生まれた。若い頃から型破りな女性で、大学では化学や物理や数学を専攻しながら、ロック・バンドでギターを弾いていたという。大学院でＭＢＡを取得した彼女は、ベビーパウダーで有名なジョンソン＆ジョンソンのインド支局に就職してマーケティングを担当した。

「ビジネスについてもっと勉強したい」と思ったヌーイは78年、アメリカの名門イエール大学の大学院に入学した。嫁に行かせたかった両親の反対を押し切ったので仕送りもなく、彼女は寮の夜警をして生活費を稼ぎながら寝ずに勉強した。

就活では古着屋で買った50ドルのスーツを着て面接を受けたが、靴が無くて足元はスノーブーツという格好のせいか、どの会社にも落とされた。

「無理しないで着なれた服で勝負だわ！」とばかり、ヌーイはインドから持ってきた民族衣装のサリーを着て次の面接を受けた。大統領候補ミット・ロムニーも所属していた国際的な経営コンサルタント・ファームのＢＣＧ（ボストン・コンサルティング・グループ）だ。サリーでリラックスしたヌーイは見事採用された。以後サリーは彼女のビジネス・ウェアになる。

その後モトローラに転職してキャリアアップしたヌーイは、'94年、ペプシコからヘッドハントされた。企業戦略を任された彼女は大胆にも、何十年も続いてきたコカ・コーラとの競争をやめると宣言し、ペプシコはまったく違う路線を進む。それはヘルシーな食品会社の道だ。

まずヌーイはアメリカ人を太らせてきたジャンクフード・ビジネスと手を切った。ペプシコは、ケンタッキー・フライド・チキン、タコ・ベル、ピザ・ハットという三つのファストフード・チェーンの親会社だったが、それをいっぺんに全部売却してしまった。その代わりに買収したのは三つのヘルシー食品企業、果汁100%ジュースのトロピカーナ、天然繊維の豊富なシリアルのクエーカーオーツ、そしてスポーツ飲料のゲータレードだった。さらに看板商品ペプシコーラもダイエットやカロリーゼロをメインに切り替えた。

このヘルシー戦略は、全米で肥満が問題化した時期とマッチして、大成功した。

「世界にとって善いことと、ビジネスにとって良いことを一致させる」それが彼女の経営哲学。もう一つ「常に自分が母親であることを忘れない」とも言っている。子どもたちにとって良くないものは作らない、ということだ。

ヌーイが売り出したボトル入り飲料水アクアフィーナは、全米ナンバーワンの売り上げ。「ろ過した水道水をボトルに入れて売るなんてゴミばっかり増やす環境破壊だ」と批判されて、すぐにエコボトルを開発したのも彼女らしい。

オバマ政権とも近しいヌーイは、次に政界に進出する意思を隠さない。「私にチャンスをくれたアメリカに恩返しする番です」

スポンサーも廃業も恐れずカミングアウト。人気はさらに上がり、女優と合法結婚も。

No.5
Ellen DeGeneres

エレン・デジェネレス

'58年生まれ。司会を務める『エレン・デジェネレス・ショー』はお昼の人気トーク番組。配偶者は『アリーmyラブ』にも出演していた女優で、なんと15歳も年下!

旧約聖書には同性愛を禁じる記述があるので、キリスト教支配の強いアメリカの田舎ではゲイだというだけで殴り殺されたりする。だから紅白歌合戦で美川憲一と一緒にはるな愛とＩＫＫＯが踊ってるのを見ると「日本は自由だなあ」と思う。でも、同じ同性愛でも女性の場合はどうだろう。レズビアンであることを公表しているタレントがいるだろうか。

エレン・デジェネレスは国民的人気のコメディアンでレズビアンだ。子どもの頃から既に、女の子しか好きになれない自分に気づいていたが、保守的な南部に育ったのでそれは誰にも言えなかった。

　大学を中退後、ファミレスのウェイトレスやペンキ職人、掃除機の訪問販売、カキの殻むきなどをしながら30歳を超えたエレンはスタンダップ・コメディアンを目指した。ネタはレズビアンではなかったが、コロコロと話題を変えるマシンガントークが受けた。彼女のハチャメチャなしゃべりはアニメ『ファインディング・ニモ』の魚・ドリーの吹き替えで聴くことができる。

　エレンのジョークの最も大きな特徴は決して人の悪口を言わないこと。

「コメディアンの多くは誰かの欠点を笑うけど、それは一種のイジメよ。私は誰かを傷つけないで人を笑わせたい」と語るエレンはテレビに進出して、幅広い層にファンをつかんだ。'94年、彼女は自分の名前をタイトルにしたTVドラマ『エレン』に主演する。エレンという名の本屋の店長が繰り広げるドタバタ・コメディだったが、続けているうちにだんだんと不自然になってきた。ヒロインは40歳を迎えるというのに浮いた話のひとつもない。でも、芝居とはいえエレンは男性相手のロマンスは演じたくない。

「自分自身を受け入れなきゃ。連続殺人鬼でない限りね」

　彼女はカムアウトを決心した。嫌がるテレビ局を説得し、劇中で「私はレズビアンなの！」と宣言。共演女優のローラ・ダーンとキスしてみせた。いくつかのスポンサーが、保守的な消費者のボイコットを恐れて降りてしまったが、その回はテレビ史上に残る視聴率を記録した。

'01年、9・11テロ直後に行われたエミー賞（テレビのアカデミー賞）授賞式で司会を任された彼女は「パンツスーツ着たレズが司会なんて、タリバンに対する最高の嫌がらせね」と笑った。テロの黒幕タリバンは女性の人権を認めず、同性愛者は死刑にしているからだ。さらに'07年にはアカデミー賞の司会として「映画界には黒人やユダヤ人や同性愛者が多いのよ。私たちがいなけりゃアカデミー賞なんて存在しないのよ」と挨拶した。

エレンは'08年にセクシーな女優ポーシャ・デ・ロッシと結婚。その2か月後に州民投票で同性婚は否決されたが、エレンの結婚はその直前だったから合法だ。

現在、全米一の人気番組『アメリカン・アイドル』の審査員を務める彼女の資産は65億円。アメリカで最も稼ぐ女性の一人だ。

「カムアウトしたら仕事を失うだろうと思っていた」エレンは言う。

「それでも、私は自分を偽れなかった。同じように苦しんでいる人たちのためにも」

エレンは菜食主義者で、化粧品や医薬品の動物実験に強く反対している。

「コスメが安全かどうか動物の目に入れて実験するなんてバカげてるわ。そんなのレイプで刑務所入ってる奴にやればいいのよ！」

金融無法地帯を行く、アラウンド60の賢女。
〝家計〟を見張るのは、やっぱり女性？

No.6
Elizabeth Warren

アラウンド60の三聖女

写真は、エリザベス・ウォーレン。'49年生まれ。SEC委員長のメアリー・シャピロは'55年、シェイラ・ベアFDIC総裁は'54年生まれと、皆さんアラウンド60歳！

'08年、アメリカから始まった世界金融危機。原因は金融業界の強欲だった。銀行やローン会社やクレジット・カード会社は収入の少ない人たちに無理やり金を貸し、家を買わせた。そんな返せない危険性の高い借金をサブプライム・ローンと呼ぶ。それを証券会社はデリバティブという証券として世界中に売りさばいた。危ないと知りながら。で、結局全部コケた。

それを放っておいたのがブッシュ政権だ。しかもコケた証券会社や銀行を税金で救済した。だが、オバマ政権は政府が金融業界の暴走を監視するシステムを整備している。つまり無法地帯のウォール街を保安官に仕切らせるというわけだが、面白いのは、その保安官たちは女性なのだ。

まずオバマはSEC（証券取引委員会）委員長にメアリー・シャピロを指名。SECは証券会社を監視する組織だが、彼女はデリバティブのような金融商品の安全性を厳しくチェックすると宣言した。

銀行を監視するのはFDIC（連邦預金保険公社）。銀行が潰れると人々が預けていた金も消えてしまう。それに備えての保険がFDICだが、銀行が無責任なことをしないよう見張る必要がある。シェイラ・ベア総裁は住宅バブルの真っ最中の'06年に就任。その時すでに「このバブルは弾けますよ」と銀行に警告していたのだが聞き入れられなかった。その後、結局160以上の銀行が破綻してFDICの世話になった。

企業への公的資金注入が適正かどうか監視するTARP（不良資産救済プログラム）の監視委員長に、オバマ大統領はハーヴァード大学のエリザベス・ウォーレン教授を任命した。ウォーレンはブッシュ政権時代の金融政策と戦って来た。たとえば、クレジット・カード会社はブッシュ政権を動かして法律を変えさせ、収入のない学生や主婦にもカードを持たせるようにした。その結果、数十万人が借金地獄に落ちた。延滞者は法外な利子を課せられ、簡単に自己破産することもできなくなった。

そんな事態を解決するため、オバマはウォーレンをローンから庶民を守るCFPB（連邦消費者金融保護局）の局長に任命しようとした。

金融業界はウォーレン任命を阻止せんと13億ドルも使って共和党議員にロビー活動を開始した。オバマは共和党に妥協し、ウォーレン任命をあきらめた。

「私は去りますが、戦いはやめません」ウォーレンは言った。「その戦いとは、搾取される中産階級のための戦い、詐欺と罠の上に築かれた金融ビジネスとの戦いです」

2012年、ウォーレンはマサチューセッツ州から上院議員に立候補、当選した。さっそく彼女は議会に法案を提出した。学費ローンの利率を現在の3・4％から0・75％に落とす法案だ。「証券会社が自分で勝手に作ったバブルが弾けて破綻して政府から借りる利率が0・75％だからです」

ジャンヌ・ダルクは弱者の味方！　頑張れ！

全身整形で芸能界をサバイブする毒舌女王。
お笑い道まっしぐらで、人生を謳歌する。

No.7
Joan Rivers

ジョーン・リバース

'33年生まれ。上沼恵美子が「私は関西のジョーン・リバース!」と言ったとか言わないとか。文中に登場する娘のメリッサは母にそっくりで一緒に毒舌番組に出演していたことも。写真は公式サイトにて。www.joanrivers.com/

ジョーン・リバースは81歳。だが顔に皺はほとんどない。つるつるだボトックスとフェイスリフトのおかげだ。顔の皮膚を引っ張りすぎて、かつての優しいタレ目は魔女のごとく吊り上がり、鼻はマイケル・ジャクソンのように細く尖っている。

「芸能界は老人を嫌うから、やるっきゃないわ」。そうガラガラ声で笑うリバースはアメリカで最初の女性毒舌コメディアン。彼女を追ったドキュメンタリー映画『ジョーン・リバース　ア・ピース・オブ・ワーク』が評判だ。

マンハッタンで一番高級なアッパーイーストサイドのコンドミニアムに住み込みの執事とメイドと共に貴族のように暮らし、毎日高級デパートで、服や宝石や家具を買いまくるほどリッチなのに、今も現役で全米を回りスタンダップショーを続けている。

リバースがデビューした'50年代のアメリカは保守的で女性は良妻賢母であるべしとされていたが、専業主婦だった彼女は家を飛び出し、本音ブチまけトークを始めた。

「男が何人もの女性とつきあうとモテモテと言われるけど、女がそれやるとヤリマンって言われるのよね」

「ママは言ったわ。妻はベッドでは黙って旦那様の下になってなさいって。それじゃ二段ベッドに寝るのと同じじゃない!」

女性の下ネタに世間は驚き、たちまち大人気。彼女をスターにしたマネージャーは2番目の夫になる。

しかし'87年に夫がプロデュースしたTVショーが失敗、リバースは彼を捨てた。夫は離婚の3日後に自殺。「ママのせいよ!」、一人娘のメリッサには責められたが、彼女は夫の死すらネタにする。

「夫の遺灰はナイマン・マーカス(高級デパート)に撒いたの。そうすれば毎日会えるでしょ」

No.7

人前で涙を見せないリバースだが、整形してまでお笑いを続けるのは夫への彼女なりの贖罪らしい。

ドキュメンタリーの撮影時、リバースはヒマだった。テレビからは「もう古い」と思われていたからだ。そこで彼女は『セレブリティ・アプレンティス』に出た。スポーツや芸能界のセレブ16人が不動産王ドナルド・トランプの弟子（アプレンティス）として競い合うTV番組で、毎週「洗濯用洗剤のCMを作る」「トランプの娘のブランドの宝石を売る」「冷凍食品のオリジナル・メニューを考案する」などの課題に挑戦し、成績の低い順にクビを切られる。リバースは最年長だったが抜群のアイデアとユーモア、それにリーダーシップで見事11週勝ち抜き優勝。再び売れっ子に返り咲いた。

2012年、リバースは自伝『みんな大嫌い、私を皮切りに』を出版。ところが、その本を大手スーパーのコストコが売らないと聞いて怒ったリバースは近所のコストコに行くと、メガホンを使って「私の本に文句あるか！」と叫んで営業を妨害した。「でも警察は私を逮捕してくれなかったの。『お婆ちゃん、おうちに帰りなさい』だって。失礼しちゃうわ」。

2013年、リバースはインターネット番組「ジョーンとベッドイン」を放送開始した。毎回、ゲストを自宅の寝室のベッドに招いて寝ながらトーク。81歳だよ！

カリフォルニア州知事選挙に出馬した、
経済界の女傑は、女性初のビリオネア。

No.8
Meg Whitman

メグ・ホイットマン

'56年生まれ。元eBay社長兼CEO。現ヒューレット・パッカードCEO。「私のビジネス経験がカリフォルニアを救う」と、同州知事選に立候補したが……。

ウチの娘が通う公立小学校には音楽や図画工作の授業がない。カリフォルニア州に金がないせいだ。

カリフォルニアは世界の国々と比べてもGDP第9位の巨大な州だ。ところが、ここ10年以上財政的に破綻している。救世主としてアーノルド・シュワルツネッガーが州知事になったが焼け石に水だった。

2010年11月、この州を救うための知事選挙が行われた。共和党から立候補したのはメグ・ホイットマン（当時54歳）。まーるい顔に優しいタレ目のお母さんだが、実はすごい女傑なのだ。

ホイットマンは医者を目指し名門プリンストン大に進むが、経営に興味が移り、天下のハーバードのビジネススクールを卒業。マックスファクターやジレットのプロクター＆ギャンブル社に入るとメキメキと経営の才能を見せ、33歳でディズニーのエグゼクティブとして海外に店舗を展開し大成功。転職先の玩具会社ハズブロでは『トイ・ストーリー』でおなじみの懐かしのオモチャ、ミスター・ポテトヘッドを復活させてこれも大成功。

'98年には「オークション・ウェブ」という小さなＩＴベンチャーに経営者として招かれる。これは一般の人々が売りたい品に入札を募る競売サイトで、創始者が、ガールフレンドがコレクションするペッツ（キャラの首を曲げるとラムネが出る食玩）のトレードのために作ったもの。当時、従業員はたった19人。デスクはポーカー用テーブルのみ。サイトも白黒で文字だけのショボい会社だった。

ホイットマンはこれを変えた。社名をｅＢａｙ（イーベイ）に変えてカラフルなロゴを作り、出品物別にジャンル分けをし、出品者と入札者に安全度の格付けをするレイティング制度を導入。さらに安全な支払いシステムのペイパルを傘下に収めた。かくしてｅＢａｙの売り上げは年間24億ドルを超え、従業員１万５千人を抱える巨大企業に成長した。会社の価値は80億ドル。ホイットマンの持ち株は10億ドルを超えた。その利益でホイットマンは自分の名を冠したホイットマン大学を創立。なんとまだ40代だった。

2010年、カリフォルニア州知事選挙に出馬したホイットマンが既につぎ込んだ資金は8千万ドル以上（約80億円）、そのうち10億円以上はポケットマネーだそうな。同じ年、パソコン会社のHP（ヒューレット・パッカード）の社長として大成功したカリスマ女性経営者カーリー・フィオリーナも共和党から立候補した。男たちが起こしたこの経済危機を救ってくれるのはやっぱり女性なのか？

ところがこの二人は落選した。ビジネス界のスターでも、庶民にとってはムカつく大富豪でしかなかったのか。その後、ホイットマンはフィオリーナが経営していたHPのCEOに就任したが、HPのプリンターは他社のインクが使えない、インクに「賞味期限」がある、などのケチ商法で消費者の怒りを買っている。てか、マジ、ムカつく！

セックス話にセレブへの毒舌と、タブーなし。
自分ネタは、本でもベストセラー連発中。

チェルシー・ハンドラー

No.9
Chelsea Handler

'75年生まれ。写真は文中に登場する回想録の表紙。サブタイトルに「一晩限りの男たち」とあるように、男性体験について赤裸々な記述が！

コメディアンのチェルシー・ハンドラーは「ワンナイト・スタンドの女王」と呼ばれている。ワンナイト・スタンドとは一夜限りのセックス。「一回したらバイバイしてそれっきり。若い頃は毎晩やってたわ」という彼女が何十人にも及ぶ男たちのセックスについて書いた本はベストセラーになった。
チェルシーは、月～金の自分のトーク番組『チェルシー・レイトリー』で言いたい放題だ。

「なんでアンジェリーナ・ジョリーが人気なの？　結婚してる男を寝取った女よ。難民の子を養子にしたり、国連に寄付したりしてるけどイイ人とは思えない。だって女友達いないじゃん。同性の友達がいない人にイイ人はいないわ」

セレブへの毒舌はチェルシーの得意ネタの一つだが、いちばん人気なのは彼女自身の話だ。

「こないだ、この番組にデイブ・サルモニってアニマル・ハンドラー（動物調教師）がゲスト出演したでしょ。ハンドラーの番組にハンドラーがね（笑）。彼ったら、あたしの首に大蛇を巻いて『大丈夫、噛んだり刺したりしないよ』って言ってたけど、あの後、二人で食事に行って私、彼に〝刺され〟ちゃったわ」

番組のゲストとセックスしたことをすぐに番組で喋っちゃう司会者なんて前代未聞だ。彼女にタブーはない。2010年にはハンドラーのセックスビデオが流出した。彼女は売れない頃、当時の恋人とのセックスをビデオに撮ったが、テレビ番組用のオーディション・ビデオを撮影する際、テープ代をケチって、自分のセックスビデオの上にダビングした。でもセックス・シーンが残っていたのだ（笑）。そのビデオが売られていると知ったハンドラーはテレビで「みんな、あたしでヌイて～」と笑った。アルコール依存症体験を書いた『天にましますウォッカ様、私です、チェルシーです』という本もベストセラーになった。

　チェルシーは19歳で大学をドロップアウトし、一人ハリウッドにやってきた。ウェイトレスとして働きながら女優を目指したがやめた。「人が書いたセリフを言うなんて性に合わないわ。あたしはあたしが思ったことを言いたい」。そうして、スタンダップ・コメディアンに転身し、ウェイトレスの鬱憤や自分の性生活をぶちまけて人気になった。

　そんな彼女に目をつけたのは全米最大のケーブルTV会社「コムキャスト」のCEOで億万長者のテッド・ハーバート。彼はチェルシーが司会する番組を企画し、大成功。おまけに二人はデキてしまい、3年付き合って別れた。そのいきさつも全部、彼女は喋ってしまう。「なんで別れたのかって？　彼がうるさいからよ。私がテレビ出てライブやって本書いて、いろいろしてるから、彼は『お金なら腐るほどあるんだから、仕事減らしたら？君にはハンドルできないよ（手に余る、という意味）』って言うの。バカにしないで！私はハンドラーよ！」

食材も計量も、ざっくりすぎる料理研究家。それでも大人気なのは、愛嬌のせい？

No.10
Rachael Ray

レイチェル・レイ

'68年生まれ。男性誌で「今、いちばんセクシーな女性たち」にランクされ、水着姿のきわどいグラビアで大きなヒップを披露したことも！　ちなみに番組中の衣装はいたってカジュアル。

その大きな口にスプーンを運んだレイチェル・レイが目を閉じて恍惚の表情を浮かべ、「Mmmmmmm,Yummy（うーん、おいしー）」とつぶやくと、市販のバニラアイスにチョコレートをかけただけの「料理」でも、高級レストランのデザートより美味しそうに見える。

レイチェル・レイ（46歳）はアメリカでいちばん人気がある料理研究家。料理専門チャンネルのフード・ネットワークで三つも番組を持ち、午後3時にアメリカの主婦が必ず観る国民的番組『オプラ・ウィンフリー・ショー』にも自分のコーナーを持っている。彼女のレシピ本はいつもベストセラー。『Every Day with Rachael Ray（毎日レイチェル・レイと一緒）』という雑誌まで出して、年収は15億円。

レイチェルの人気の秘密はまず「30分クッキング」。30分以内でできる料理しか紹介しない。たとえばドレッシングにピーナツバターを混ぜただけの「なんちゃってタイ・サラダ」とか、スーパーで売ってるコーン・マフィンのミックス粉に角切りチーズを入れて焼くだけとか。缶詰とか冷凍食品もバンバン使う。

「そんなもの料理と言えるのか?」。当然、グルメやシェフたちはレイチェルを叩いた。実際、彼女はまともな調理の教育は受けたことが無かった。ただ母親がイタリアン・レストラン経営者で、毎晩の食事をそのレストランでとったことで舌が肥えていった。

学校を出たレイチェルは30歳になるまでニューヨーク州アルバニーの高級食材店で売り子として働いた。そこで彼女は多くの女性客が食材よりもお惣菜を買っていくのを見た。「みんな忙しくて時間がないんだわ」と実感した彼女は、お客さんを店に呼ぶために地元のシェフを雇って30分でできる簡単クッキング教室を開いた。ところが人気は出なかった。料理の腕と、それをエンターテインメントとして見せることは違う技術だから。

そこでレイチェルはシェフに教えてもらったことを自分でお客さんに伝えた。楽しいジョークと笑顔を盛り込んで。たちまち人気を集め、地元のテレビ局で放送され、本が出版され、全米ネットワークのワイドショーにも出演し、あとはトントン拍子。

レイチェルの番組の人気の秘密は、まずいつもリアルタイムだということ。30分の番組で30分で料理を作る。他の料理番組のように「できあがったものがこちらにあります」なんてズルはない。レンジに入れて3分間待つだけなら本当に待つ。チクチク動く時計を見ながらレイチェルがキッチンを飛び回る。「料理の鉄人」並みにスリリングだ。時間が無いから計量なんかしない。いつも目分量。一流シェフのように何本もの包丁を使い分けるなんてこともない。レイチェルが愛用するのは、なんと日本の三徳包丁だ。

「これ一本で肉にも野菜にも魚にも使えるのよ!」。これで三徳包丁はたちまちアメリカにも普及した。

作りながら早口で解説もする。いつも使うエクストラ・バージン・オリーブ・オイルという言葉が長すぎるので、レイチェルは頭文字を並べてEVOO(イヴー)と呼ぶことにした。それは流行語になり、オックスフォードの英語辞書にまで載った。

しかし彼女の最大の武器はその大きな口を最大限に利用したにっこりスマイル。料理ではちょくちょく失敗もする。でも、「ははははー、ドジっちゃったー」とベロを出す彼女を見てると「ま、いっか」という気になるわな。

No.11
Vera Wang

フィギュア・スケート界からの華麗な転身。
ウェディング・ドレスの女王の次の野望は？

ヴェラ・ウォン

'49年生まれ。言われてみれば"フィギュア顔"の面影が…。日本女子憧れのウェディング・ドレスのほか、食器から靴まで手広くやってます。自身の式の様子を収めた結婚式のガイド本も。

ウェディング・ドレスの女王、アメリカで最も成功したアジア系女性であるヴェラ・ウォンは大学の時に大きな挫折を経験した。'68年のオリンピックで、フィギュア・スケートのアメリカ代表に選ばれなかったのだ。幼い頃からスケートにすべてを賭けていた彼女は大変なショックを受けたが、その次に好きなものに残りの人生を捧げることにした。

ファッションだ。

父は怒った。彼はマンハッタンで最も高級なアッパー・イーストサイドに暮らす裕福な中国系アメリカ人のビジネスマンで、娘にも英才教育をし、私立の名門サラ・ローレンス大学に通わせた。大学院は、名門イェール大のロー・スクールかビジネス・スクールに行かせるつもりだった。

だが、小さな頃から優等生だったヴェラ・ウォンはここで初めて父に反抗し、パリの名門（またか！）ソルボンヌ大学に留学して美術史を学びながらファッションを勉強した。

1972年、イヴ・サン・ローランで働いていたウォンは、『ヴォーグ』誌の編集部に引き抜かれ、16年にわたりファッション記事を担当した。「それまでの『ヴォーグ誌』のファッション写真はファンタジーでした」ウォンは回想する。「緑色のウィッグをつけたりしてね。でも、働く女性が実際に着る服へとシフトしていったんです」

女性の社会進出に合わせたウォンの編集方針は成功し、ファッション業界で彼女の名前を知らない者はいなくなった。

1987年、ヴェラ・ウォンはファッションを作る側に転身した。ラルフ・ローレンのデザイン部に入り2年間働くと、'90年に独立して自分のブランドを立ち上げた。

ウォンが1989年に実業家のアーサー・ベッカーと結婚したことがきっかけだった。「自分が気に入るウェディング・ドレスが見つからなかったんです。どのブランドのデザインもいつまでも古臭くて全然進歩してなかったから。それなら自分で作ろうと思ったの」

ヴェラ・ウォンのウェディング・ドレスはあっという間にアメリカのステータス・シンボルになった。ジェニファー・ロペス、マライア・キャリー、シャロン・ストーン、ジェシカ・シンプソン、ユマ・サーマン、アリシア・キーズ、セレブが結婚式でこぞって彼女のドレスを着た（どうでもいいが、このうちかなりが離婚している）。

破れた夢、フィギュアスケートの世界にも帰って来た。'98年、オリンピックの銀メダルに輝いた中国系アメリカ人ミッシェル・クワンはじめ、トップ・スケーターたちがヴェラ・ウォンのコスチュームを着るようになった。

ヴェラ・ウォンのビジネスは３００億円を超え、『フォーブス』や『フォーチュン』誌が選ぶ「世界で最もパワフルな女性ランキング」の常連だ。

そんなヴェラ・ウォンの次のステップは映画監督だそうだ。映画の題材は彼女自身のサクセス・ストーリーになるらしい。娘のために「ヴェラ・ウォン・プリンセス」という若い女性向けパフューム も売り出した。「お姫様」という商品名だけにキャッチフレーズは「Born to rule（生まれついての支配者）」。まあ、ヴェラ・ウォンのためにあるような言葉だね。

ハンサム政治家を支え続けた、妻の鑑？
笑顔の裏の波乱の人生に全米女性が共感。

No.12
Elizabeth Edwards

エリザベス・エドワーズ

'49年生まれ。写真は文中にも登場した著作のカバー。発売されると同時に女性読者を中心に支持を集め、『ニューヨーク・タイムズ』紙、週間ベストセラーのノンフィクション部門で1位に。

'10年12月7日、エリザベス・エドワーズさん（享年61歳）が亡くなった。6年間もガンと闘い続けた果ての死だった。全米の女性たちが彼女の死を悼んだ。エリザベスさんが女性としてどれほど苦しんできたか知っていたから。

エリザベスさんは上院議員ジョン・エドワーズの夫人。エドワーズは元副大統領候補で、「ジョン・F・ケネディの再来」と呼ばれるほどハンサムな政治家だ。

苦学して弁護士を目指したエドワーズは同じく法律を学ぶエリザベスさんと出会い、結婚した。二人は貧しい労働者のための弁護士として活躍したが、'96年、16歳の長男を交通事故で失ってしまう。

二人は絶望を乗り越えるため新しい希望を抱いた。一つは政治家になりアメリカを良くすること。もう一つは再び子どもを持つことだ。

'98年、エドワーズは上院議員に当選。エリザベスさんは48歳で女の子、50歳で男の子を産んだ。二人は元気に育ち、高齢出産を恐れる人々を勇気づけた。

エドワーズは次のステップとして'04年に副大統領に立候補。その選挙戦中にエリザベスさんに乳ガンが発見された。ところが彼女は病をおして夫の遊説先に同行し、二人三脚で戦いぬいた。選挙には負けたが、エリザベスさんは闘病生活の果てにガンを克服した。

'07年、エドワーズはいよいよ大統領選に出馬する準備に入った。ところがエリザベスさんの肺やろっ骨や大腿骨にガンが再発見された。今度はもう助からない。確実に近づく死を前に、彼女は再び夫を支えて選挙活動に邁進した。

民主党内の予備選挙でエドワーズは、トップ争いをするオバマとヒラリーを三番手として追撃した。しかし、突然レースから退いた。実は選挙の最中、エドワーズは宣伝用ビデオを製作する44歳の女性と不倫関係に陥ってしまったのだ。翌年、彼女はエドワーズの子を産んだ。

それが明らかになった'09年、エリザベスさんは『立ち直る力』と題する自伝を出版。幾度もの不幸と戦いながら笑顔を絶やさなかった彼女が初めてそこで心の傷を明かした。

そのなかで、エリザベスさんは、幼い頃、日本で暮らした9年間を語っている。軍人だった父と共に山口県の岩国基地に駐在していた彼女はトシコという女性から日本舞踊を習った。トシコには酷い火傷があった。米軍が広島に投下した原爆で被爆したのだ。エリザベスさんは広島を訪れ、惨劇を自らの目で確かめた彼女がどんな苦難にも挫けなかったのは、人類史上最悪の悲劇のひとつ、ヒロシマを知っていたからかもしれない。

死の床には別居中のエドワーズが寄り添ったが、エリザベスさんの遺書に彼についての記述は一言もなかった。

全米を震撼させた〝タイガー・マザー〟。
アジア流子育ては、成功か失敗か？

No.13
Amy Chua

エイミー・チュア

写真は文中にも登場した著作のサイン会のチラシ。'62年生まれのアラフィフには見えない若々しさ。〝タイガー・マザー〟教育法は、最強のアンチエイジングか!?　ちなみに長女は母にソックリ。

嫌がる娘にピアノの稽古をさせるにはどうするか？

「弾けたら何か買ってあげる」とアメをちらつかせるか。「弾かないとおやつあげないわよ」とムチをふるうか。

エイミー・チュアの場合、「これが弾けなきゃ、あなたの大事な人形の家は救世軍に寄付して、ぬいぐるみも全部焼き捨てるわ！」と脅し、その曲が弾けるまで何度も何度も練習させ、その間、食事も与えず、水も飲ませず、トイレにさえ行かせない。深夜を過ぎても、弾けるまで寝かせない！

鬼ママ？　いや、エイミーは自分を「虎母（タイガー・マザー）」と呼ぶ。両親はフィリピン系中国人で、'62年の寅年生まれだから（ちなみに筆者と同じ）。名門イェール大学の法科大学院教授で、『富の独裁者』『最強国の条件』などの国際経済の著書も邦訳されている彼女が、自分の子育てについて書いた本『タイガー・マザー讃歌』がアメリカでベストセラーになり、大論争を呼んだ。

エイミーにはユダヤ系の夫との間に2人の娘がいるが、TVも見せないし、ゲームも一切やらせない。友達の家に遊びに行くのも、家に友達を呼ぶのも禁止。学校のテストなどではA以上の点数しか認めない。体育以外の科目で、クラスで2番目以下になるのも許さない。

娘が算数のテストでクラスの2番に落ちた。1番は韓国から来た転校生だった。エイミーは激怒し、娘に猛勉強させ、1番を奪回した。「その転校生は韓国に帰ったわ！」。エイミーは胸を張る。

「欧米の親は、子どもの成績がBでも『よく頑張ったね』と誉めますが、甘過ぎます」とエイミーは切って捨てる。「アジアの親はAでない限り『努力が足りない！』と叱ります」「努力が足りない」どころか、彼女は「このクズ！」と罵倒する。その甲斐あってか長女は14歳でピアノ・コンクールに入賞し、殿堂カーネギー・ホールで演奏した。

「欧米では、親には子どもを育てる義務があると考えます。アジアでは、子どもは親に産んでもらった恩義があると考えます。だから、親孝行するために子どもは努力するのです」

「これがアジア躍進の秘密か！」。アメリカ人はタイガー・マザーに戦慄し、エイミーは一躍スターになった。アメリカの子どもの学力低下は止まらないし、経済もダメ。アメリカの一流大学やIT企業は中国、韓国、インド系に乗っ取られつつあるからね。

その一方で、「これは児童虐待だ！」、「アジア人はこんな鬼親ばかりじゃない！」と非難もゴウゴウ。実は、本を最後まで読むと、無理やりバイオリンをやらされて、友達もできない次女がとうとう爆発して、「ママなんか大嫌い！」と大反抗しちゃうんだけどね。子育て失敗談なんだけどね。

'14年、エイミー・チュアは新刊『トリプル・パッケージ』で、またしても物議を醸した。彼女はアメリカの将来を担うのは、次の8つの民族集団だと断言する。すなわち、中国系、ユダヤ系、インド系、イラン系、レバノン系、キューバ系、ナイジェリア系、それにモルモン教徒。彼らには、次の三つの心理的な特徴がある。まず、アメリカでマイノリティでも優れた民族である優越感。次に、いつ迫害されるかわからない不安感、そして、自分の感情を抑える傾向だ。この三つゆえに、8つの民族集団は自分を律し、成功目指して努力する。他の集団は？　全部ダメだとエイミー・チュアは言い切る。

「これは人種差別だ！」

8つ以外のアメリカ人は怒っているけど、彼女は狙ってやってるとしか思えないから放っておきなよ。

No.14
Marilyn vos Savant

IQ200超の天才は、二流大学中退。
バツ2の後の、あっぱれ成り上がり物語。

マリリン・ヴォス・サヴァント

写真はマリリンのコラム集の表紙。ちなみに、読者からの最近の質問は「相対性理論を素人でもわかるように説明できる?」。答えは「できません。アインシュタインでも無理でしょう」。

マリリン・ヴォス・サヴァントは「世界一頭のいい女性」ということになっている。世界最高の知能指数の持ち主としてギネスブックにも載った。10歳の時、知能テストで230という前代未聞のIQを叩き出したのだ。でも、彼女はノーベル賞を獲った科学者でもないし、大学すら出ていない。

'46年にセントルイスに生まれたマリリンは16歳で出来ちゃった婚をし、家業のクリーニング店で働いた。20歳で離婚、二流大学に入ったが、結婚して中退。35歳で2度目の離婚をしてから、ニューヨークに出て来た。そして新聞の片隅にあるパズルを作る仕事をしながら細々と暮らしていた。

'86年、彼女はギネスブックに自分をIQ世界一として認定して欲しいと申請した。再び知能テストを受けると、今度は186だったが、それでも最高レベルということで認定され、マリリンは一躍有名人になった。そして「マリリンに訊け！」という連載が全米の新聞の日曜版で始まった。彼女は読者からの科学、法律、歴史、その他あらゆる質問に答えた。


「シマウマはなぜ家畜にならないの？」

「性格が悪いからです」

「トランプは何回切れば混ざるの？」

「7回で充分です。それ以上切っても、ランダム率は変わりません」

「10回連続して表が出たコインをまた投げた時、表が出る確率は？」

「過去の記録が何だろうと50%です」

「44歳の男性です。幼い頃からアメフトを観ているのですが、面白いと思ったことがありません。私は異常ですか？」

「まったく正常です」

彼女は25年間、このコラムだけを書き続けている。日曜版は3240万部も刷られ、マリリンを知らないアメリカ人はいない。しかし彼女のコラムは小さな記事だ。大したお金にはならない。

「こんなの知能指数と関係ない！」。マリリンはあちこちから批判されてきた。「本当に天才なら、もっと人の役に立つ仕事をするべきだ」

今ではギネスにIQの項目はない。知能テストが頭の良さを数値化するかどうか科学的に証明されなかったからだ。マリリンがどれほど天才なのか、誰にもわからない。でも、確かなのは幸福だってこと。彼女は人工心臓を開発した「天才」科学者で億万長者のロバート・ジャーヴィスと結婚、ニューヨークでリッチに暮らしている。

ここで質問を一つ。「3つの箱から1つのアタリを選ぶクイズ番組があったとします。回答者が最初に①を選び、司会者が『ちなみに③は何でしょう？』と言って開けたらハズレでした。①と②、どちらがアタリである確率が高いですか？」彼女が「②」と答えたところ、「そうじゃない！」と全米の数学好きが反論して大論争に発展した。

マリリンは、答えを既に知っている司会者の心理を判断要素に入れている。つまり、司会者は②がアタリだと知っているから、③を開けたと考えられる。しかしもし①がアタリだった場合、司会者は②でも③でも開けられるが、通常、若い番号の②から先に開けるだろう。にもかかわらず③から先に開けたのは、②がアタリだからだ。しかし、心理を計算に入れないで純粋に確率だけで考えると答えは違ってくる。

あなたの答えは?

自前遊園地「ホーリーランド」も経営。
メディア界の女帝は、ド派手な牧師系！

No.15
Jan Crouch

ジャン・クラウチ

写真は「ホーリーランド」にある、'80年代ディスコ風なジャン・クラウチの看板。園内では「ゴリアテバーガー」などキリスト教に関連する名前のついた食べ物が販売されているとか。

ちょっと赤みがかった金髪をストロベリー・ブロンドというが、ジャン・クラウチの場合、本当にイチゴ色だ。しかも、その髪が直径1メートルくらいあって鏡獅子のような有様。彼女はまつ毛もすごい。タバコが2本くらい乗りそうな付けまつ毛を少なくとも左右に3つずつ付けている。

このオバケみたいな若作りの75歳すぎの女性が、キリスト教徒向けTVネットワーク、TBNの〝女帝〟なのだ。TBNは全米で3番目の地上局数を誇り、500万人以上が視聴するといわれている。

先日、筆者はロサンジェルスにあるＴＢＮの本社を訪問した。入ると金ぴかの内装に目がくらむ。金箔や大理石をふんだんに使ったインテリアや調度は、まるでヨーロッパの王宮のようだ。天井にはイタリアの寺院のように天国が描かれ、大天使ミカエルが悪魔を踏み敷く巨大な像がそびえ立つ。それでも、ここはあくまでテレビ局。その日も番組の公開収録が行われていた。

収録していたのはパット・ブーンが司会のワイドショーだが、芸能ニュースや生活情報の代わりに、キリスト教と神を信じる人々が次々に登場する。その日は交通事故で16輪トレイラーに潰されて心臓停止した人が、牧師の歌う讃美歌を聞いて生き返った体験を語った。話の合間にはジャズやポップス風の讃美歌が歌われる。

ジャン・クラウチが夫ポールと一緒にＴＢＮを始めたのは'73年。小さな倉庫を借りてスタジオにして、カメラや照明は当時16歳の息子が担当するファミリー・ビジネスだった。それが成功して、ＴＢＮは次々にローカルＴＶ局を買収。ネットワークを広げ、今では3つのチャンネルを持ち、世界各国に番組を衛星放送する巨大メディア帝国へと成長した。

ＴＢＮにはＣＭがない。じゃあ、どうやって収入を得るかというと、画面の隅に出ている番号に視聴者が電話をかけ、クレジットカードで寄付をするシステム。つまり、ＴＢＮ

は法律的には宗教法人であり、社主であるジャン・クラウチは牧師ということになっている。宗教法人だから税金は取られない。

'07年、クラウチはディズニーワールドのあるフロリダ州オーランドに、「ホーリーランド」という遊園地をオープンした。ここでは、ミッキーマウスの代わりにイエス・キリストがパレードをするキリスト教遊園地。ただ、パレードではキリストが十字架を背負って園内を引き回され、ローマ兵に鞭で打たれ、鮮血が飛び散る。

筆者はここも訪れたが、園内のあちこちにジャン・クラウチの等身大の看板が立っていた。聖書の名場面を蝋人形で再現した展示もあったが、キリストもマリア様もジャン・クラウチと同じような金ぴかハデハデのファッションで飾り立てられてたよ。

気分はまるで、オーケストラの指揮者!?
空軍を率いる、世界初の女性司令官。

No.16
Margaret Woodward

マーガレット・ウッドワード

'60年生まれ。写真は、アメリカ空軍の公式サイトから。22歳の時に入隊、少将には'11年に任命された。ボブヘアに優しい笑顔は、〝空軍司令官〟よりも〝アメリカのお母さん〟。

チュニジアから始まり中東各国に広がった民主化運動は、ついにエジプトの独裁者ムバラク大統領を辞任させた。だが、その後、シリアなどでは蜂起した民衆を独裁政府が軍事力で弾圧し、リビアのカダフィ大佐は反政府勢力を軍用機で空から無差別に攻撃し始めた。

この虐殺を止めるため、フランス、イギリス、それにアメリカはリビア上空を飛行禁止地域にした。そして戦闘機を出撃させ、リビア政府軍の軍用機を制圧した。

「オデッセイの夜明け」と名付けられたこの作戦には、女性たちが大きく関わっている。リビアへの軍事介入を主張したヒラリー・クリントン国務長官、国連の承認を取ったスーザン・ライス大使、オバマ大統領の外交顧問サマンサ・パワーズ、それにアメリカ空軍を指揮したマーガレット・ウッドワード少将（54歳）だ。

マーガレットは、米『タイム』誌が毎年選ぶ「世界に最も影響力のある100人」に入った。人なつこい笑顔で〝マギー〟と呼ばれる彼女は世界初の女性空軍司令官だ。

飛行機が初めて戦争に使われた第一次世界大戦で、マギーの祖父も複葉機でヨーロッパの戦場を飛んだ。祖父の影響で、マギーは物心ついたときにはもう、パイロットを目指していた。

彼女が空軍に入った頃はまだ、女性が戦闘に参加することは禁じられていたが、解禁されるとすぐに戦場に飛び出した。任務は空中給油。巨大な「空飛ぶタンカー」を操縦、戦場の上空で戦闘機に燃料を補給する。高度な技術が要求される仕事だが、彼女はパナマ侵攻、ボスニア軍事介入、アフガン、イラクの戦争に参加。滞空は4千時間を超えるベテランになった。

マギーは'07年に、大統領特別機エアフォース・ワンを含む、第89航空輸送団の司令官に任命される。

'09年には、人々のブーイングを浴びながらホワイトハウスを去るブッシュ前大統領を、彼の地元テキサスまで運んだ。

対リビア戦では、ドイツのラムシュタイン基地から衛星を使って、中東の作戦を指揮した。「オーケストラを指揮するようなものね」。マギーは言う。

カダフィ軍をある程度制圧できた時点で、マギーは空爆を止めて、NATO軍に制空権を譲り渡した。そもそも彼女の任務は戦争ではなく「アフリカにおける人道支援と平和維持」。今回の作戦もその一環にすぎない。父親が貧困国の発展を援助する団体で働いていたため、インドで生まれ育ったマギーは、アメリカだけでなく世界に奉仕したいと言う。

ちなみにカダフィ大佐を守る護衛部隊も全員女性だった。女性の方が優秀で信用できるからか、それとも単にカダフィが女好きだっただけなのか？　処刑されてしまった今ではもうわからないけど。

生まれはニューヨークのスラム街。
巨大企業を蘇らせた、アフリカ系島耕作。

No.17
Ursula Burns

アーシュラ・バーンズ

'58年生まれ。'09年には、『フォーブス』誌が選ぶ「世界で最もパワフルな女性」の14位に選出。人生の信条ともいえる「生まれ育った場所で、人は決まらない」という言葉は母から受け継いだ。

デジカメが主流になりフィルム会社はガタガタ。カセットテープや磁気ディスクを作っていた会社も大打撃を受けた。あと数年でCDやDVD業界も崩壊するだろう。テクノロジーがあまりに早く発達するので、一つの業種があっという間に絶滅する時代になってきた。パソコンの影響でコピー機も前ほど使われなくなった。コピー機の日本最大手リコーも3年で従業員1万人を削減すると発表した。

じゃあゼロックスはどうか？　昔、コピーすることを「ゼロックスする」と言った時代がある。それほどゼロックスはコピー機の代名詞だった。今はボロボロだろうと思いきや……業績をどんどん伸ばしている。業務転換に成功したのだ。

ゼロックスはデータの管理全般をビジネスとして開拓した。たとえば、企業や役所が保管する大量の文書をスキャンして、データにする作業とテクノロジーを売っている。また、その際に関係者のプライバシーや資産に関わる個人的な情報を削除する技術もだ。

さらに、デジタル・フォレンシック(科学捜査)。'06年からアメリカではEディスカバリーが法律で認められた。ディスカバリーと言っても、「発見」じゃなくて「電子的な証拠の開示」を意味する。民事訴訟において、メールなどのコンピュータの記録を証拠とすることだ。膨大なデータから必要なものを探し出すのは、人間が手作業でするしかなかった。だが、ゼロックスはそのための技術を開発し、法曹関係に売り込んでいる。

この革命的な方向転換を成し遂げたのは、'09年前にゼロックスのCEOに就任したアーシュラ・バーンズ。『フォーブス』誌が選ぶ全米トップ500企業の中で史上初の、アフリカ系女性の経営者だ。

バーンズは、マンハッタンのロウワー・イーストサイドで育った。かつてそこは、ひどいスラム街だった。「近所はギャングとヤク中だらけで、ネクタイをしている人といえばスーパーの店員だけ」。物心ついた時には父はいなかった。彼女は子どもの頃から近所の病院で、白衣を洗ったり掃除をしたりして生活費を稼いでいた。

「生まれ育った場所で、人は決まらないわ」と言う彼女は数学が優秀だったので、名門コロンビア大学の工学部に進んだ。「当時の工学部でアフリカ系の女性なんて私以外にいませんでしたけどね」

20歳の時に、夏休みの企業研修でゼロックスの門を叩いた。「こーんな大きなアフロヘアーでね！」

それ以来、彼女は30年間も同じ会社で働き続けている。転職することで、キャリアアップをしていくアメリカでは珍しい。「ゼロックスは家族みたいなものよ」。彼女は自分を育ててくれた会社に恩返しをしているそうだ。会社を生き残らせることで。

で、バーンズの成功の秘密は「20歳年上の夫と結婚すること」。彼女は同じゼロックスの上司と結婚した。20歳も年上で、娘が生まれた頃には、充分な資産と共に引退し、家で育児と家事を全部やってくれたので、バーンズは仕事に専念することができたんだって！

30分間の出演料は、３０００万円！
全米トップの美人教師風コメディクイーン。

No.18
Tina Fey

ティナ・フェイ

'70年生まれ。サラ・ペイリンのモノマネは本人からもお墨付きをもらうほど。ティナの名前が彫られた星形のプレートが、「ハリウッド・ウォーク・オブ・フェイム」にも加わった。

アンジェラ・アキに似た知的なメガネ美人だが、ティナ・フェイは過激な政治ギャグから下ネタまで何でもＯＫのコメディアンだ。

'97年シカゴの即興コメディ劇団にいた27歳の彼女は、世界一有名なお笑い番組『ＳＮＬ（サタデー・ナイト・ライブ）』のギャグ作家に抜擢された。番組史上初の女性ギャグ作家だ。その2年後、彼女は番組中のニュース・コーナーにキャスターとして出演、キッツい時事ネタも下品なギャグも艶然と微笑み読み上げ人気を集めた。

'06年ティナは『SNL』での経験を基にした『30ロック』を制作。30ロックとは、『SNL』のNBCテレビがあるロックフェラー・センター・ビルの30階という意味。ティナ演じる放送作家リズの頭痛のタネは職場のヘンな人々。アレックス・ボールドウィン演じるプロデューサーは親会社GE（ゼネラル・エレクトリック）から来たビジネスマン。テレビには無知のくせにやたらと口を出し、スケベでリズを狙っている。番組の主役タレントは自分が目立つことしか考えてない。レギュラーのコメディアンは番組を乗っ取ってしまうし、しかもすぐに全裸になる。そんなイカれた連中が機関銃のようにギャグを飛ばす。30分番組なのにセリフの量は90分ドラマ並み。これが大ヒットし、エミー賞とゴールデングローブ賞を連続受賞した。

'08年、ティナは突然『SNL』に復帰した。共和党から副大統領候補に立候補したアラスカ州知事サラ・ペイリンにそっくりなので、マネをすることになったのだ。ペイリンは「ブッシュ・ドクトリン（先制攻撃主義のこと）」を知らないなど政治について無知をさらす失言を繰り返し支持率を下げたが、それをギャグにしたティナの人気は急上昇した。

彼女の『30ロック』の出演料は30分3千万円以上。最も優れたユーモア作家に与えられるマーク・トゥエイン賞も受賞し、『ピープル』誌の「最も美しい女性50人」にも選ばれ、グラビアでセクシーな姿も見せている。「おかしいわね。私はずっとオタク少女で、今までまったくモテたことなかったわ。学校では新聞部だったしね」

ティナが容姿に自信がなかったのは、頬から顎にかけて残る傷跡のせいでもある。5歳のとき、自宅の前で遊んでいて、犯罪者に切り裂かれたのだ。また、高校時代はクラスの女王様からひどいイジメにあった。その経験は『ミーン・ガールズ』という映画のシナリオに描かれている。彼女は自分を守るため、人を笑わせるようになった。

「それがいつしか、私自身のアイデンティティになったの」という彼女だが、恋にはオクテで、24歳で今の夫と出会うまでバージンだったという。「夫は私という原石を見つけて、ダイヤモンドとして輝かせてくれたのよ」

ティナのSNL時代からの「相棒」であるエイミー。ポーラーもTVコメディ『パークス＆リクリエイション』を企画・製作・脚本・主演している・二人は、2013年からゴールデングローブ賞授賞式の司会をするようになった。その授賞式はハリウッドのスターたちがテーブルについてパーティ形式で行われるが、ティナとエイミーは大スターたちをメッタ斬り。恋多き歌手テイラー・スイフトに「マイケル・J・フォックスの息子を誘惑しないでね」と釘を刺したり、こんなことを言ったりね。

「皆さん、レオナルド・ディカプリオを暖かくお迎えください。スーパーモデルのアソコみたいにね」

No.19
Gloria Steinem

「ミズ」という言葉をつくり、定着させた、モテ系フェミニスト。

グロリア・ステイネム

グロリアのドキュメンタリー映画『Gloria: In Her Own Words』も制作された。「プレイボーイ」の顔、ヒュー・ヘフナー爺とグロリアとの戦いが、今回のドラマ化をきっかけに再勃発した。

'60年代、男性雑誌『プレイボーイ』が始めた高級キャバレーがあった。そこでは、ウサギの耳としっぽをつけたバニーガールが売り物だった。'11年には、そのキャバレーを舞台にした『プレイボーイ・クラブ』というTVドラマも放送された。

「あんな店を懐かしがるのはおかしい」

'63年、グロリア・ステイネムという女性運動家がプレイボーイ・クラブに異議を唱えた。彼女は自らバニーガールとして潜入し、その体験記を発表した。美しいステイネムは店で人気ナンバーワンになり、女性を人間ではなく商品として扱う男たちの傲慢さを観察して見事に描き出した。「女性にとっての『プレイボーイ』は、ユダヤ系の人々にとってのナチと同じです」

それは当時、革命的な記事だった。当時は、アメリカでも女性の地位は低かったからだ。就職先は限られ、たとえ社員になっても管理職に出世することはなく、結婚すれば退職させられた。子持ち女性の正規採用はありえなかった。

グロリア・ステイネムの母は、セールスマンで留守がちな夫を待ちながら専業主婦として暮らすうちに精神を病み、それが原因で夫に捨てられた。まだ10歳だったグロリアは母の面倒をみながら、タップダンスなどで稼いで貧しい家を支え、男女不平等の現実に目覚めた。

'64年、黒人たちは命がけの運動の末、白人と平等の権利を勝ち取った。「次は女性の番！」と宣言した彼女は、当時アメリカでは犯罪とされていた人工中絶を合法化するため、全米で運動を展開した。

'72年には雑誌『ミズ』を創刊、「男は未婚も既婚もミスターですが、女性だけミス、ミセスと呼び分けがあるのは変です」と訴えた。「既婚女性の就職差別をなくすため、すべての女性をミズと呼ぶべきです」

彼女たちの戦いによって'70年代に、ミズは一般化し、最高裁は女性に人工中絶の権利を認めた。また、ホステスが接待する店も消えたし、社員募集時に性別を限定することも禁じられた。

スタイネムは男性からも人気があった。ケネディ大統領の顧問テッド・ソーレンセンや映画監督マイク・ニコルズ、大富豪のモート・ズッカーマンなどの大物を次々と恋人にしたが、初めての結婚は遅く、66歳だった。相手は環境保護運動家のデヴィッド・ベール。俳優クリスチャン・ベールの父親である。

'14年に80歳になるグロリア・スタイネムは、今も世界中を駆け巡り、イスラム原理主義国で人権を奪われた女性たちや、アフリカでクリトリスを切除される女性たちや、就職や賃金で差別される女性たちのために戦い続けている。その若さの秘訣は、希望を捨てないことだそうだ。

「私はホープアホリック（希望中毒）なのよ」

No.20
Betty Anne Waters

ベティ・アン・ウォーターズ

冤罪の兄を救うため、居酒屋のウェイトレスが30代で弁護士に。

写真は、映画『コンビクション（邦題ディア・ブラザー）』から。ベティを演じるヒラリー・スワンクも貧しい家庭の出身。気持ちの入った演技に「泣きながら3回も見たわ」とベティがコメント。

ベティ・アン・ウォーターズは典型的なホワイト・トラッシュ（貧乏白人）だった。ボストン郊外の貧しい家庭に、９人兄弟の一人として生まれ、ロクに働きもせず酒や麻薬に溺れる親から放置され、親戚や里親を転々として育った。

でも、どんな時でも１つ違いの兄ケニーは一緒だった。ケニーは無情な大人たちから、必死で妹を守ってくれた。腹を減らした妹のために食べ物を盗んでくれたこともあった。

その頃から、ケニーは非行少年として地元の保安官から目をつけられるようになった。

ベティは高校を出るとすぐに結婚し、２人の男の子を育てながら、地元の安酒場でウェイトレスとして働いた。だが、ケニーと保安官との関係は険悪になっていった。'83年、ベティが28歳の時、家の近所で強盗殺人があり、ケニーが犯人として逮捕された。物的証拠は何もなかったが、保安官がケニーの元同棲相手を脅迫、彼の暴力癖などを証言させて陪審の心証を動かし、彼に終身刑が下された。

獄中でケニーは自殺を図った。ベティは面会で「二度と死のうとしないで」と兄に嘆願したが、最低賃金のウェイトレスには、再審のために弁護士を雇う金などない。

「お前が弁護してくれたらなあ」

兄が諦めたようにつぶやいた。それだ。それしかない。ベティは30代で司法試験を目指した。まずは大学の卒業資格がいる。高校の教科書も読めなかった彼女は、昼間勉強し夜学に通い、その後酒場に出勤した。ほとんど寝なかった。

大学を出て、法科大学院へ進むと勉強と学費はさらに厳しくなった。最初はベティを応援していた夫や子供たちも、結局は彼女の元を出て行った。最後にはケニーすら「もう俺にかまうな」と言い出した。

大きな犠牲を払い、彼女はついに司法試験に合格した。が、戦いは始まったばかりだ。証言を撤回させ、冤罪を裏付ける物的証拠を探し出さねばならない。しかし事件から10年以上経ち、証拠物件はすでに処分されていた。それでもベティはあきらめず、冤罪の被害者を救う団体「インセント・プロジェクト」の助けを得て、あらゆる記録を漁り続けた。そしてついに別の州で偶然保管されていた犯人の血痕がついた凶器を発見した。血痕をDNA鑑定すると、兄の血とは違っていた。

'01年、逮捕から18年後、ベティはとうとう兄の無実を証明し、彼を釈放させた。ベティの戦いは、ヒラリー・スワンク主演で『コンビクション』というハリウッド映画になった。

ケニーは、自由になった半年後、近道しようと塀に登って落ちて頭を打って死亡した。映画には最初、その場面があったが、試写を観た人々があまりに打ちひしがれたので、公開時にはカットされた。

「でも、その半年間は、兄にとって最高に幸福だったと思います」と言うベティは、今も同じ酒場で働いている。名声を利用し弁護士として活躍する気はないと言う。「私は兄を救うために司法試験に受かったの。自分のためじゃない」。

ベティが兄の裁判の後、法廷に立ったのは一度きり。勤め先の酒場の酒類販売許可が不当に取り消された時に戦って取り返した時だけだ。

とはいえ、ベティは今もイノセント・プロジェクトで、冤罪で苦しむ人々のために無償で協力し続けている。

ホームレス少女が、名門ハーバード大学へ。
どん底生活者のために、今日も戦う。

No.21
Liz Murray

リズ・マーレー

写真は、リズ・マーレーの自伝『ブレイキング・ナイト』の表紙。書名は「一晩中眠らない」という意味で、眠る場所を探して、夜のニューヨークを彷徨った彼女自身の体験を表している。

「両親が台所で何かコソコソやっているのを知ったのは、3歳の頃でした」。名門ハーバード大を卒業したリズ・マーレーは、幼い頃、汚れた食器が何週間も放置されたキッチンで両親が覚醒剤やヘロインを注射しているのを目撃した。

リズの母はアルコール依存症の父と統合失調症の母に育てられ、虐待から逃れるため13歳で家を出た。行きずりの男に体を売って生活し、22歳の時、一人のヤクの売人に出会った。彼は大学で心理学の博士課程に進んだ秀才だったが、麻薬に溺れてドロップアウトした男だった。'80年、二人の間にリズが生まれた。

父は刑務所に入ったり出たりを繰り返した。母は先天的な目の障害のために受け取る福祉の金で生活した。両親の麻薬中毒は進行し、リズの誕生日に祖母から送られた5ドル札や、感謝祭に教会から施された七面鳥を売って得た金でドラッグを買った。母が麻薬の代金として子供のコートを渡した時、売人ですら気が咎めて受け取らなかったほどだ。

「ごめんね」。母はいつもリズに謝った。「悪いと思うけど、どうしようもないの」

リズが10代になる頃には、母は完全に盲目となり、祖母と同じ統合失調症を発病した。貧困と空腹を紛らわすため、リズは父が図書館から盗んだ大人向けの本に没頭した。

不幸はそれだけじゃ終わらなかった。ある朝、リズが目覚めると母が泣いていた。「ママね…。エイズになっちゃった…」

使い回した麻薬の注射器から感染したのだ。リズが16歳の時、母は死んだ。父はホームレスになり、リズは福祉施設に引き取られたが、劣悪な環境に耐えられず脱走した。友達の家を転々とし、時には公園や駅のベンチで眠ることもあった。

そんな宿無し生活のなかで、リズは恵まれない子どもたちに教育を受けさせてくれる学校に通い始め、自分がオールAの優等生だと初めて知った。そしてハーバードへの推薦を勝ち取った。でも、一文無しの少女に、金持ち坊ちゃんが通う私立大学の学費なんか払えない。

リズは『ニューヨーク・タイムズ』紙が奨学生を募集しているのを知って、自分の半生を書きつづったエッセイを送って、見事に奨学金を勝ち取った。ホームレス少女がハーバードに入学！　それは大ニュースになり、リズは当時のクリントン大統領から祝福を受け、無事に心理学科を卒業した。

'06年、リズは母と同じくエイズで死にぬく父の死を看取った。

リズの自伝『ブレイキング・ナイト』はベストセラーになり、全米各地から講演に呼ばれている。ちなみに講演料は1回200万円！　そうした収益で、リズはマニフェスト・リビングという団体を創立し、両親や自分のように社会の闇に落ちてしまった若者たちを癒し、第二のチャンスを与えるために働いている。

リズに見守られて亡くなった父は最期にこんな言葉を書いて遺したという。

「私にはかつて夢があった。しかし、その夢を捨ててしまった。でも、今、その夢が戻って来た。お前になって」

オーガニックの思想を発信し続ける、料理界のワンダーウーマン。

No.22
Alice Waters

アリス・ウォーターズ

アメリカの料理界に影響を与えた「アメリカ料理の母」と呼ばれる。「食材の声に耳を傾け、今にも話しかけてきそうな、生き生きとしたものを選ぶ」は、ウォーターズ流の食材を選ぶ秘訣。

筆者が住むカリフォルニア州バークレーのレストラン「シェ・パニーズ」は、今年で、43年目を迎えた。2階のカフェは行ったことがある。味の濃いニンジンが美味しかった。1階のダイニングで食べたことはまだ一度もない。というのは、世界中からお客さんが押し寄せるので1カ月前でも予約をとるのが大変だから。ここは、カリフォルニア・キュイジーヌとスロー・フード運動発祥の地として有名なのだ。

「シェ・パニーズ」の店構えはフランスの田舎風。ディナーのメニューは日替わりで、1

No.22

コースのみで80ドル。アメリカ最大の農業地帯カリフォルニアの素材本来の味を活かすため、調理は「必要最小限」。手は込んでないが、野菜そのものが美味い。肉や魚も美味い。野菜はすべて無農薬。家畜もすべてフリーケージ。安全な食材を得るため「シェ・パニーズ」は農家や漁船と契約し、メニューには仕入先が明記してある。キッチンも丸見えだ。どんな食材をどう料理したのか見えない工業製品のようなファスト・フードに対するスロー・フードの真髄だ。

「シェ・パニーズ」の創立者アリス・ウォーターズ（70歳）は、'60年代にバークレー大学の学生だった。当時、バークレー大学はベトナム戦争に反対する学生運動の拠点だった。彼女も反戦運動家の下院議員候補を応援して選挙運動に参加したが、あえなく敗北。深い挫折感を味わったという。

フランス文化を研究していたウォーターズはフランスに留学し、南仏の農村の素朴な料理に魅せられた。当時アメリカで全国に広がっていたハンバーガーやファミレスのチェーンによる「食の工業化」とは正反対だった。

ヨーロッパでシェフ修業をしたウォーターズは'71年に帰国。友達から借りた1万ドルで、カリフォルニアの食材を食べさせる店「シェ・パニーズ」をオープンした。しばらくは赤字だったが次第に評判を呼び、バークレーの名所になった。オーガニックな食材のブームは全米に広がった。「シェ・パニーズ」は、ウォーターズの知識と思想を弟子に伝える「自然食のシンク・タンク」になっていった。

ウォーターズはレストランの外に出て「食べられる校庭」運動を始めた。公立学校で子どもたちに野菜を育てさせ、それで給食を作る。子どもたちにも料理させる。ジャンクフードから子どもたちを守るために。

アメリカでは貧しい人ほど太っている。塩と油の多いジャンクフードほど安く、簡単に食べられるからだ。そしてジャンクフードに慣れた子どもは、大人になると自分の子にもジャンクを与える。教育のない親は子どもに勉強させないので貧困から抜け出せないように、ジャンクな食生活も生活遺伝する。その連鎖を断ち切ろうとするウォーターズは、同じく肥満の撲滅を誓うミシェル・オバマ大統領夫人のアドバイザーになった。

「私はいつだって社会運動家で、政治的理想主義者です」と胸を張るウォーターズは戦い続けている。美味しさという武器で。

出版社に断られ続けた小説を電子出版。いまや億万長者も、オタクぶりは直らず。

No.23
Amanda Hocking

アマンダ・ホッキング

'84年生まれ。ヒット作『Switched』は、愛飲しているレッドブルを飲みまくり1週間で書き上げた。Led Zeppelinなど大の音楽好き。ちなみに、一番好きな曲はOasisの『Wonerwall』。

ミネソタ州オースティンは、人口2万5千人の小さな町。スパムという肉の缶詰の工場がある。住民の平均年収は約300万円。ところが'11年、突然この町の27歳の女性が億万長者になった。

アマンダ・ホッキングはトラック運転手の父とウェイトレスの母を持ち、大学を中退して身体障害者の施設で働いていた。年収は1万8千ドル（180万円）。両親の家の地下室で暮らしている。

ホッキングは、幼い頃からおとぎ話が大好きだった。魔法使いや吸血鬼の物語を自分で想像して話すのだ。大人になり、そんなおとぎ話をロマンティックな小説に仕上げ、原稿を小説のエージェントに送った。アメリカでは作家もタレントと同じく、エージェントに所属し、出版社に売り込んでもらうのだ。

ところが、50以上のエージェントから断られた。今度は出版社に原稿を送ってみた。それも無しのつぶてだった。パソコンには、行き先のない小説が9本も溜まった。

そんな彼女は、アマゾンで電子書籍の自主出版ができることを知り、小説をアップロードしてみた。値段はどうしようか？「ｉＴｕｎｅｓで音楽をダウンロードする時の値段を参考にしたわ」。自分の小説に1本99セントから2ドル99セントの値をつけた。2ドル99セントの場合、売り上げの3割はアマゾンに手数料として引かれ、7割が印税としてアマンダに入る。

当然、最初は売れなかったが、'10年5月、ネット上に書評が出回り始めた。6月、突然ダウンロード数が急上昇。月収は9千ドルを超えた。'11年1月の1か月だけで小説9本が45万部も売れた。

自分の成功は単に情熱の賜物ではないと彼女は言う。「大事なのは職業倫理だってブリンク182がインタビューで言ってたわ」。ブリンク182は彼女が大好きなパンクロック・バンド。アマンダはエージェントや出版社から断られる度に小説を書き直し、徹底的に推敲したし、ブログやツイッターを駆使し、必死に宣伝したのだ。

かつて彼女を門前払いにした大手出版社が頭を下げ契約に来た。ハリウッドに映画化権が売れた。今や年収は200万ドルを超える。

貧しいシングルマザーだったJ・K・ローリングは「ハリー・ポッター」でベストセラー作家になった。これからはアマンダのような成功者がどんどん増えるだろう。電子出版の台頭に戦々恐々としている出版社には悪いけどね。

で、彼女はその数億円をどうしているのか。「こんな大金の使い道わからないから、『スター・ウォーズ 帝国の逆襲』でカーボン漬けになったハン・ソロの実物大レプリカを買ったわ」。7千ドルだって！　オタクはこれだから…。

No.24
Kathy Ireland

あのマーサ・スチュワートをついに超えた、
元グラドルのカリスマ主婦。

キャシー・アイルランド

'63年生まれ。写真は、'12年2月に発売された経済誌『フォーブス』の表紙。クスリ疑惑が浮上したインタビューの動画を配信している某サイトでは、〝オスカー像のようにカチコチ（笑）〟と酷評。

食器やテーブルクロスからファッション、インテリアまで家の中にあるものなら電気製品以外は何でもデザインして売るカリスマ主婦の億万長者といえば、マーサ・スチュワートだった。しかし、もう彼女は2番目だ。今、この業界でアメリカ1なのは、年商20億ドルを誇るキャシー・アイルランド。

スチュワートが東部中産階級の40代主婦をターゲットにしているのに対し、アイルランドのお客さんは「ビージー・マム」。幼い子どもを持つ30代共稼ぎの母親だ。食べ物をこ

No.24

ぼす子どものためにカーペットは汚れを弾く素材、家具類は頭をぶつけないよう角が丸められている。本棚や扇風機など、総商品数は現在1万4000点。

大きな目とエラの張った顔に見覚えのある男性もいるかもしれない。彼女は'88年から'95年にかけて『エイリアン from L. A.』、『ローデッド・ウェポン1』とかの箸にも棒にもかからないゴミ映画やTVドラマのお色気要員だったからだ。20代の彼女は水着モデル、今でいうグラドルとして大人気だったのだ。砂浜で水に濡れて四つん這いになりながら、彼女の頭の中にあるのはビジネスだった。

カリフォルニアで育ったキャシー・アイルランドは、幼い頃からビジネスに興味があったという。最初は、砂浜で拾った石を綺麗にペイントして売っていた。3人姉妹でひとつの部屋に押し込められ自分の部屋が欲しかった彼女は、11歳になって新聞配達を始めた。お金を貯め、工務店に部屋の増築の見積もりをしてもらった。200万円以上かかる。新聞配達じゃとても無理だ。ところが、高校時代にスカウトされてグラドルになると、たちまち大人気、何億円も稼いで高校を中退してしまった。

しかし、それはアイルランドにとってきっかけにすぎなかった。エージェントが靴下にキャシーの名前をつけて売りたいと言ってきた。

「だったら、靴下も自分でデザインさせてよ」。

そこからキャシー・アイルランドという産業が始まった。グラドルとしての知名度など役に立たない家具の企画販売にも手を広げ、3人の子の母親としての体験を活かした商品作りで成功した。

彼女が最近マスコミに出ないのは「20年前のグラビアを大事に抱えた（キモオタ中年の）ファンが喜ぶだけだから」、と冷たい（カッコ内は筆者の勝手な補足）。その彼女が'10年のアカデミー賞の中継に登場し、レッドカーペットを通るスターたちにインタビューした。テンションが異様に高かったので、「クスリやってるの？」とネットが炎上した。まあ、オスカーのレッドカーペットが踏めるなんて、彼女にとってあきらめた夢だから舞い上がっちゃったんだろう。スタイルがよくて頭もいいけど、演技だけはからっきしだから。

No.25
Kristen Wiig

バツイチアラフォーのリアルさが大受け。

キワモノネタもさばく、コメディ作家。

クリステン・ウイグ

'73年生まれ。バツイチ独身。大好評の映画『宇宙人ポール』では敬虔すぎる（?）クリスチャンの女性を演じた。


「私たちが今日、ここに来たのは、サイズは問題じゃないってことを証明するためです」

'12年2月のアカデミー賞授賞式、ステージに映画『ブライズメイズ 史上最悪のウェディングプラン』のヒロイン6人が勢揃いし、脚本を書き、主演も務めたクリステン・ウィグが挨拶を始めた。

「サイズは関係ないって、私のおばあちゃんも言ってました」。そう言ったのは、お笑い番組『サタデー・ナイト・ライブ』で彼女と長年コンビを務めるマヤ・ルドルフ。「〝短くても、つま先を丸めるには充分よ〟って」〝つま先を丸める〟というのは、オルガズムのこと。

「…いや、これは映画の長さの話ですよ！」。彼女たちは、短編映画賞のプレゼンターだったのだ。

『ブライズメイズ』は、こんな下ネタ満載のドタバタ・コメディ。クリステン・ウィグ演じるアニーは親友リリアン（マヤ・ルドルフ）の結婚式でメイド・オブ・オーナーとなる。介添人の代表として結婚パーティを仕切る役割で、花嫁の一番の親友が選ばれる。ところが、やることなすこと失敗ばかり。介添人4人と花嫁を自慢のレストランに連れていくが、肉が古くて食中毒、ウェディング・ブティックで最高級のドレスを試着中にゲロゲリゲゲゲの大洪水！

女性が書いたとは思えないド下品ギャグの連続なのに、『ブライズメイズ』に女性客は集まり大ヒット。アカデミー最優秀脚本賞にもノミネートされた。それは彼女がアラフォー女性のリアルな痛みを真摯に描いていたからだ。

アニーはいわゆる負け犬。婚約者とケーキ屋を開店するが失敗、借金を抱えると婚約者は逃げた。今、付き合ってる男は彼女をセックスの処理係としか思ってない。もうすぐ40歳なのに将来は真っ暗。だから幼なじみの親友が結婚すると知っても、素直に喜べない。

アニーと傲慢な彼との空しいセックス・シーンは爆笑だが、実はクリステン・ウィグ自身の辛い体験を基にしているという。クリステン自身はバツイチで現在独身だ。

クリステンは『サタデー・ナイト・ライブ』で史上最も多くのモノマネをした。マドンナ、ビョーク、テイラー・スイフト、バービー人形……。ビョークの声マネは最高だった。オリジナルのキャラも多かった。どんな映画もボロカスにけなす映画評論家アント・ランダ、何にでも勝とうとする女ペネロープは、ニュース・キャスターが「高速道路で5台が玉突き事故……」と言うと「私なんか6台よ、6台！」と意味なく張り合う。主婦のスーは、姪っ子の誕生日のサプライズ・パーティを黙っていることができなくて悶え苦しんだ果てに窓から飛び降りる。どのキャラクターもとことん無茶苦茶だった。

クリステンは女性ばかりのコメディ集団のリーダー格でもあり、『ブライズメイズ』には彼女の仲間が集まった。中でも、ミーガン（メリッサ・マッカーシー）がドン底に落ちたアニーを立ち直らせる名演説は泣ける。「人生は痛いのよ！」彼女もアカデミー助演女優賞にノミネートされた。

『ブライズメイズ』は『ヘルプ 心がつなぐストーリー』と並んで、女性の自立を強く明るく描いた必見の傑作映画。しかし、どうしてどっちもウンコ・ギャグなの？

サーキットを疾走する黒髪の美女レーサー。
死をも恐れぬ果敢さは、本物のプロ。

No.26
Danica Sue Patrick

ダニカ・パトリック

写真は、アメリカの有名なスポーツ週刊誌『スポーツ・イラストレイテッド』の表紙。ダニカは同誌の水着特集にもモデルとして登場。本人的にはセクシーから路線変更したいという話も。

'12年2月27日、NASCAR（改造した市販車のレース）の開幕戦であるデイトナ500。ゼッケン10番の緑色のシボレー・インパラは、コントロールを失った隣の車にはじかれて、コースを外れた。時速300キロ以上で走るデイトナでは、ちょっとした接触で車はスピンし始めるし、簡単に止まらない。インパラはそのままコンクリートのフェンスに突っ込んで大破した。

残骸から出てきたレーサーは子どものように小柄で、ヘルメットを取ると、腰のあたりまで伸びた長い黒髪が。彼女こそ、アメリカのレース界最大のスター、ダニカ・パトリックだ。ダニカは、水着グラビアになったり、セクシーなＣＭに出演したりのアイドル活動で目立っているが、レーサーとしてのキャリアは20年になる。

ダニカがカーレースに魅せられたのは９歳の頃。自動車好きの父が買ったゴーカートに乗って、父の経営するガラス屋の駐車場を走った。スピードを出しすぎてゴーカートは壁に激突。普通の女の子ならそれで怖くなってしまうが、彼女はもっとスリルを欲しがった。

ゴーカート・レースに出ると、クラッシュも恐れずに男の子の車を蹴散らすダニカを見て、父は本格的にレースを習わせようと決め、彼女をイギリスのレーサー学校に留学させた。帰ってきた娘を、父はインディ・カーのレースチームに売り込んだが、どこも契約してくれなかった。レースは男のスポーツだ。こんな女子高生みたいな娘、冗談じゃない！と。

’04年、やっとデビューしたダニカは12レースに出場して10回も5位以内に入賞、最終戦では３位に滑り込んでお立ち台に上った。

以後、彼女は走り続け、トップレーサーへの階段を上がっていった。’08年４月には、茂《も》木《ぎ》で行われたインディジャパン３００で初優勝。インディ・カーの歴史上初めて、チェッカーフラッグをくぐった女性となった。’09年にはインディ５００で３位入賞、’10年からはアメリカで最も人気のあるNASCARにも進出、'10年にはラスヴェガスのレースで4位を記録した。

しかしレースは死と隣り合わせだ。'11年10月、ラスヴェガスのインディ・カー・レースで15台もがクラッシュする大惨事が起こり、ダニカの友人だったレーサー、ダン・ウェルドンが死亡した。

「レースに出るたびにウェルドンの事故を思い出さずにはいられません」。記者会見でダニカは声を詰まらせたが、恐怖は彼女の闘志を砕けない。「私たちの仕事はマシンを限界まで速く走らせること。それは私たちの全知全霊をもってして初めて可能なのです。だから私は、これからもただ速く走ることだけに集中するつもりです」

No.27
Lena Dunham

レナ・ダナム

悲惨すぎる負け犬ライフをドラマに。
自作自演もここまでいけば、お見事。

写真は『ガールズ』のポスター。右から2番目、腕にタトゥーの入っている女性が、主役を演じるレナ・ダナム。レナはTwitterでもつぶやき中。赤ワンピのアイコンが目印。@lenadunham

今話題のTVドラマ『ガールズ』の舞台はニューヨーク、ヒロインは雑誌編集部勤務、3人の女友達とセックスについてズバズバ話す。でも、『セックス・アンド・ザ・シティ』とは大違い。とにかく、全然オシャレじゃない。
『ガールズ』の主人公ハナはぽっちゃりでずんぐりむっくり。体型をコントロールできないことにムカついて、「この体は私の物よ!」とばかりに背中一面にエロイーズ（幼児向け絵本のキャラ）のタトゥーを彫った。でも、カップケーキ中毒が治らなくて、朝から晩まで食べている。トイレで用を足す時も！

ハナは大学を出て2年経つが、雑誌編集部での研修期間が続いている。つまり無給。'08年以来、不況が続くアメリカで大卒は就職ができない。給料がダメでもせめて職歴が欲しいという大卒者は、研修生としてタダ働きするしかない。

だが、ハナは大学の学費ローンを500万円も抱えている。アメリカでは大学の学費が年々高騰しており、卒業生は平均500万円の学生ローン負債を抱える。

ハナは生活費を親からの仕送りに頼っているが、それも突然打ち切られる。アメリカでは老後の生活資金は株投資や不動産で自主運営する制度だが、'08年の金融崩壊で、株価と地価は大暴落してしまった。ハナが編集長に「無給ではもうやっていけません」と訴えると「それは残念だ。さようなら」とクビを切られる。

これが'12年のアメリカの若者の現実だ。『ガールズ』はハナを演じるレナ・ダナムが自分の体験に基づいて脚本を書いている。

経済以上に惨めなのがハナの恋愛。恋人のアダムは決してハナを助けない。ケチで外食にも連れて行かない。デートは家でセックスするだけ。それもネットで見た普通じゃないプレイをハナで試しまくる。SMは当たり前で、〝11歳で麻薬中毒の少女〟の演技をハナにさせて興奮するヘンタイ。それでも満足できず、ハナとセックスした後、横でオナニーする始末。

　そんなシーンを自分でシナリオに書いて、自分で演じて、自分で演出する26歳レナ・ダナムの根性と才能はタダもんじゃない。彼女は24歳の時に自分の負け犬ライフを映画化した『タイニー・ファニチャー』を自主制作して注目され、『ガールズ』に抜擢された。

『ガールズ』はショッキングだった。レナ・ダラムがやたらと脱ぐからだ。エッチするシーンだけでなく、ケーキ食べたり、スマホいじったり、テレビ観たり、爪切ったりするシーンもなぜか、ぽっちゃりボディを丸出し。

「あれを見せられるとげんなりする。まるでレイプだ！」下品なジョークで有名なラジオDJハワード・スターンは悲鳴を上げた。「レナは露出狂？」とも言われた。

「私の裸を見たくない人がいるのは知ってるわ」レナは言う。「私が脱ぐのは裸に自身があるからじゃないわ。その逆よ。人前で裸になるのは一種のセラピーなの。タトゥーと同じで、自分の体の所有者であることを確認したくて」

　女性たちはレナを応援した。メディアはずっと女性の裸を商品として扱ってきた。メディアで流していいのは美しい裸だけだ。そんな時代を終わらせる革命がレナの裸なのだ。彼女自身こう言っている。

「私は政治には興味ないけど、裸になるのは政治的主張なのよ！」

No.28
Kayla Harrison

柔道コーチがセクハラなのは世界共通？
金メダリストを奮い立たせた辛い過去。

ケイラ・ハリソン

'90年生まれ。護身術として柔道を習い始める。ロンドン五輪の後は、しばらく柔道から離れたが、現在はブラジル五輪を目指している。消防士の資格もあるそう。

'12年のロンドン五輪、女子柔道78キロ級決勝で地元イギリスのジェマ・ギボンスを下して金メダルを獲得したアメリカのケイラ・ハリソン（当時21歳）は、五輪前からアメリカで知られていた。柔道の実力でなく、性的虐待スキャンダルの被害者としてだ。
ケイラは6歳の時、柔道の黒帯だった母親に道場に連れて行かれた。天性のセンスを見せた彼女はすぐに注目され、特別に選手として養成するため、オハイオの柔道アカデミーに入学した。そこで8歳のケイラのコーチについたのは当時24歳のダン・ドイルだった。

ドイルはケイラの家族の一員となった。ドイルの指導の下、ケイラは15歳になるまで二度、全米大会で優勝した。一緒に海外の試合にも出かけた。その間、ドイルはケイラとセックスしていた。彼女が13歳の頃から。

「コーチの言うことなら何でも従いました」。ケイラは言う。「洗脳されていたんです。私が18歳になったら結婚してくれると言うコーチの言葉を信じていました」

ところが、ドイルは他の少女たちとも性的関係があった。それを知ったケイラは、道場の男友達に打ち明け、彼はケイラの母親に告げ、母は警察に通報した。ドイルは逮捕された。事件は全米で報道された。

「何もかも嫌になった。母も、柔道も」。

自分のことを知っている人がいない所に行きたかった。まだ10代のケイラは家を出た。しかし、彷徨った末、彼女は、やはり柔道に戻ってきた、世界柔道大会で2回優勝し、五輪で2度の銅メダルを獲得した柔道家ジミー・ペドロと彼の父が経営する道場にケイラは安らぎを見出した。「ジミーと彼のパパは、私の心をほどいてくれた」

'07年、ドイルの裁判が始まった。アメリカでは、法廷にテレビや新聞のカメラが入る。全米に放送されながら、ケイラは自分にあったことを堂々と語った。裁判の結果、ドイルには懲役10年の判決が下された。

彼女は辛い過去から顔をそむけない。ペン・ステート大学の名門アメフト部のコーチが、選手たちと無理やり性的関係を結んでいた事実が発覚した時も、ケイラは被害者たちの精神的な傷を癒すために、自分の体験を公に語った。そのタフさは、ロンドンでも発揮された。決勝前に「今日は私の日。勝つことを恐れない」と勝利宣言したケイラは見事にそれを実現した。

私生活では柔道仲間で消防士のアーロン・ハンディと婚約したケイラは、２０１６年のブラジル五輪を目指しているが、すでにＵＦＣと契約し、総合格闘技にも進出する予定だ。

愛とセックスを、女性目線でコメディに。

ハリウッドに旋風を巻き起こした脚本家。

No.29
Nora Ephron

ノーラ・エフロン

'41年生まれ。両親の他、2人の姉妹も脚本家だった。メリル・ストリープ主演映画3作の脚本も手がけ、2作はアカデミー賞主演女優賞の候補に。


'12年6月26日、ノーラ・エフロンが71歳で亡くなった。

エフロンは『めぐり逢えたら』『ユー・ガット・メール』『ジュリー&ジュリア』などの女性映画の監督として知られるが、生涯の最高傑作は『恋人たちの予感』（'89年）の脚本だろう。

『恋人たちの予感』でもっとも有名なのはNYのデリカテッセンのシーンだ。ヒロインのサリー（メグ・ライアン）が「男ってバカね。女はみんなイクふりできるのよ」と言って、突然、オルガズムを演じる。それを指差して、60歳代の女性客がウェイトレスに注文する。

「彼女と同じものを」

ノーラ・エフロンはハリウッド映画の脚本家夫妻の娘だったが、最初はショービジネスではなく、出版の世界に入り、『NYポスト』誌や『エスクァイア』誌にエッセイを書いた。'76年エフロンは、ワシントン・ポスト紙の記者カール・バーンスタインと結婚した。バーンスタインはニクソン大統領のウォーターゲート事件をすっぱ抜いた国民的英雄だった。彼の活躍は『大統領の陰謀』('76年)というハリウッド映画になり、エフロンは脚色に協力した。それがきっかけで『シルクウッド』('83年)の脚色に抜擢された。原発の関連工場で働く女性シルクウッドが核燃料の杜撰な管理を告発しようとして謎の死を遂げた実話の映画化だった。

'79年、エフロンとバーンスタインとの結婚は破局。原因は「窓のブラインドとすらセックスできる」と書かれた夫の浮気癖。エフロンは離婚体験を赤裸々に本に書き、自身の脚色で『心みだれて』('86年)という映画になった。

ある日、エフロンは、カミさんに逃げられて落ち込んでいたロブ・ライナー監督から、この離婚経験を基に映画を作れないかと相談された。そこから『恋人たちの予感』の企画が始まった。

No.29

決して恋人同士にならず、永遠に親友でいようと誓った男女が、恋愛からセックスまで、あけすけな意見をぶつけあいながら、いつしか恋に落ちてしまう。『恋人たちの予感』は、その後のロマンチック・コメディ、たとえば『フォー・ウェディング』や『ステイ・フレンズ』、それにジェニファー・アニストンやサンドラ・ブロック主演映画の多くに強い影響を与えた。

『恋人たちの予感』でエフロンは、女性の視点からリアルに愛とセックスを語って観客を爆笑させた。それはハリウッド映画史上初の快挙だった。『ジュノ』や『ヤング≒アダルト』などの女性コメディの脚本家ディアブロ・コーディは、エフロンがいなければ自分の現在はなかっただろうと語っている。

「それまでは『女には笑いはわからない』と言われていたのよ。それが嘘だってことを最初に証明してくれたのがエフロンだったの」

ヤフーの新ＣＥＯに引き抜かれたのは、
妊娠中のグーグル最初期メンバー。

No.30
Marissa Mayer

マリッサ・メイヤー

'75年5月30日生まれ。'12年10月に出産し、出産後のワークスタイルも注目されている。夫のザッカリー・ボーグは元弁護士で、現在は投資家。

アメリカでもマンハッタンと並んで不動産が高いサンフランシスコ。そのど真ん中にそびえる最高級ホテル、フォーシーズンズの最上階にあるペントハウスが'07年、約８億円で売りに出た。買ったのは当時わずか32歳、金髪に青い眼で童顔、今でもチアリーダーとして通用しそうな女性マリッサ・メイヤーだった。

メイヤーはグーグルの最初期メンバー（社員番号20番）。白地にＧｏｏｇｌｅの文字が赤青黄緑で書かれただけのシンプルなＨＰ（ホームページ）も彼女のデザインだ。それまでのヤフーのＨＰには様々な情報がつまっていた。でも、人々が実際に使うのは検索の窓だけだ。だったら、これだけでいい。メイヤーの判断は正しかった。グーグルはいっきにヤフーを抜き去った。

名門スタンフォード大学で人工知能を専攻したメイヤーはエンジニアとしてグーグルの重要なプロダクツのほとんどを作ってきた。グーグル・マップ、Ｇメール、グーグル・クローム……。どれも世界を大きく変えてきたものばかりだ。

「私はオタクよ」と言うメイヤーだが、いつもＧＡＰのパーカーにジーンズしか着ないフェイスブックのマーク・ザッカーバーグなんかとは違う。総資産は3億ドル、オスカー・デ・ラ・レンタのカシミアのカーディガン（25万円）と、オメガの腕時計（２００万円）がお気に入り。こんなコンピューター・エンジニア、他にいない。

そのメイヤーがヘッドハンティングされた。'12年6月、なんとライバル企業のヤフーのＣＥＯに就任したのだ。報酬は5年間で約70億円といわれる。検索サイトのパイオニアであるヤフーは日本では依然としてトップだが、アメリカでは後発のグーグルに押され、'08年からずっと業績不振と戦っている。株主たちは存亡の危機の救世主として、敵であるグーグルからメイヤーを引き抜いたのだ。マリッサはまず検索ページとeメールを改造して人気を取り戻すという。

移籍を打診された時、メイヤーは妊娠6か月だった。出産を控えた女性をヘッドハンティングするなんて日本で考えられるだろうか？　日本の会社では、いまだに結婚した女性は退社を勧められることが多い。ましてや、幼い子持ちで30歳すぎの女性を正社員として採用する企業はまだ少ない。

だが、アメリカでは年齢や未婚既婚、子どもの有無と無関係に能力だけを見て企業は人を採用する。おかげでウチのカミさんも、生後6か月の赤ん坊を抱えてシリコンバレーのIT企業に就職できた。

メイヤーのようなお母さんを一流企業がガンガン採用する日がこない限り、日本経済の衰退と少子化は止まらないと思う。メイヤーは長男を産むとすぐにヤフーの社内に託児所を建設、社員の産休も延長した。

ところが産休の延長の代わりに、メイヤーは自宅勤務を禁止した。IT企業では会議もネットででき、自宅勤務が増えていたので、メイヤーは時代に逆行していると批判された。でも、それは「ヤフーを建て直すためにバリバリやるわよ！」という気合の表れだったのだろう。

大改革が始まった。いちばん大きなのは若者に人気のあるブログサイト、タンブラー（Tumblr）の買収だった。これでヤフーは時代遅れというイメージを払拭し、メイヤー就任から14か月で株価は倍になった。

ただ、その後、業績は伸びなかった。メイヤーの起死回生策は、ニュースをダイジェストするアプリとのこと。この賭け、どうでるか。

ナショナル・チームの名キーパー、ソロ。
その人生は、あまりにも不遇の連続……。

No.31
Hope Solo

ホープ・ソロ

'81年7月30日生まれ。サッカー女子アメリカ代表のゴールキーパー。'11年FIFAワールドカップではゴールデン・グローブ賞（最優秀賞GK）を受賞。

ロンドン五輪で日本にW杯の雪辱を果たし、4度目の金メダルに輝いたアメリカの女子サッカー・チーム。長身のゴールキーパーを覚えている人は多いだろう。ホープ・ソロ（孤独な希望）という奇妙な名前だったから。

ホープ・ソロはコーチを公然と批判して干されたり、ヌードになったり、社交ダンス特訓番組に出演したり、女の子とキスする現場をパパラッチされたり、型破りなアスリートとして有名だが、五輪直前に出版された自伝はさらに衝撃的だった。

「母は私を刑務所で妊娠した」

ホープの父ゲイリーはニューヨークのスラム街で育ち、ベトナム戦争で兵士として闘ったタフガイだった。除隊後は闇金の取り立てなど数々のヤクザな仕事を渡り歩いてきた。ホープの母と出会った後も、詐欺事件で逮捕された。そして面会に行った母との間にホープを作ったのだ（罪の軽い犯罪者は面会人と個室で二人になれる）。

出所した父は、幼いホープにサッカーや野球を教える優しいパパだった。ところが、隠し子がバレて、ホープが6歳の時に離婚した。その翌年……。

「7歳の時、野球の練習の後、パパが迎えに来ました」

父はホープを車に乗せて逃亡。母親が警察に通報し、父は誘拐罪で逮捕された。

母は心労からアルコール依存症になった。再婚相手が見つかったが、相変わらず貧乏だった。ホープはサッカー選手として全米各地で試合していたが、その旅費はとても負担できず、サッカーをあきらめるしかなかった。結局、近所の人たちがお金を出し合ってサッカーを続けることができた。将来の金メダリストは救われた。

サッカーで奨学金を得て大学に進んだホープは、ある日、公園でホームレスの男とすれちがって驚いた。忘れもしない、10年以上生き別れの父だった。彼は公園の茂みの中にテントを張って暮らしていた。娘がサッカーで活躍していることを知って喜び、何キロも歩いて娘の試合を観に来てくれた。

父はまた逮捕された。不動産業者を殺して金を奪ったというのだ。ホープは父の無実を信じた。5年後にやっと真相が判明した。警官たちが住所不定のホープの父親に罪を着せようとしたのだ。

プロ選手になったホープは父を連れて生まれ故郷のニューヨークに行くことにしたが、その直前に、過酷な生活を送ってきた父は心臓麻痺で亡くなった。

「決して良い父親ではありませんでしたが愛していました」。ホープは回想する。「父は私の最初のサッカー・コーチでした。私を作ったのは父なんです」

ロンドンで金メダルを獲得した後、ホープが結婚すると報じられた。相手はNFLのスター選手だったジェラミー・スティーヴンス。ところが彼はレイプで訴えられたり、酒酔い運転で捕まったりの問題児。2012年11月12日には同居しているホープを殴って怪我させて警察に逮捕された。世間が驚いたのは、その翌日に二人が結婚したことだ。それじゃ、クリス・ブラウンに殴られてもデュエットしてたリアーナだよ。

ダメな父親の家庭で育った子はダメな男に惚れっぽくなるとか言うけど、大丈夫か、ホープ。

普通のおばさん質問に、誰もが心を開く。
失業中の元教師が、名インタビュアーに。

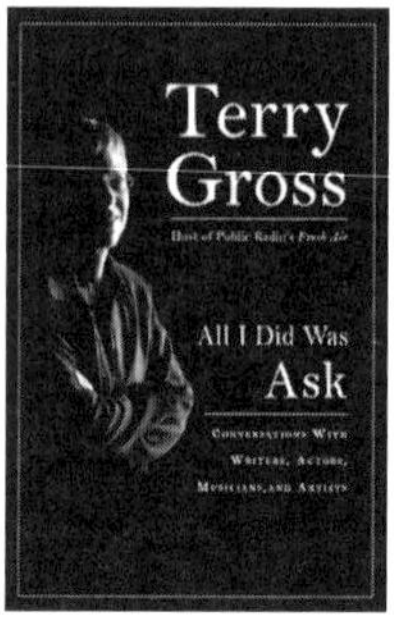

No.32
Terry Gross

テリー・グロース

'51年2月14日生まれ。ニューヨーク州立大学バッファロー校出身。『フレッシュ・エア』は、〝アメリカ版・徹子の部屋〟ともいえそうな長寿番組。

「私はテリー・グロース。この番組は『フレッシュ・エア』です」

筆者は14年前にアメリカに住み始めてから、ずっとラジオで、この声を聴いてきた。テリー・グロースはNPR（公共放送）の名物インタビュアー。'85年から現在までの27年間に彼女がインタビューした相手は千人以上。ジョン・アップダイクのような作家、詩人、ラッパーの元祖グランドマスター・フラッシュなどミュージシャン、ハリウッドの俳優、監督、脚本家…。ありとあらゆる分野の人々がグロースのインタビューを受けてきた。

テリー・グロースは、インタビューする前に相手の著作、映画、CD、雑誌記事を徹底的に調べて、相手が覚えていないような過去、忘れたい過去もほじくる。たとえばニコラス・ケイジは毛があった頃出た映画『バンパイア・キッス』でゴキブリを生きたまま食べてみせたが、グロースは「あれは本物ですか？」と尋ねる。

「ああ。食べる前に口をウォッカで麻痺させたけど、噛んでみるとパリパリしてなくて、ぐちゅっと柔らかくて……」

こんなの朝食時のラジオで放送するなよー！

グロースは他のアナウンサーのように自主規制しない。公共ラジオ向けだから当たり障りのないことを、なんて判断しない。近所のおばさんが悪気ゼロで「あんた離婚したんだって？」とかブッちゃけてくるように、尋ねにくい質問をサラッと、しかしズバッと訊いてしまうのがうまい。『ブルーベルベット』でマゾを演じた女優イザベラ・ロッセリーニが「私もＤＶの経験があります」と語るとグロースは「叩いたのは誰？」とサラズバで訊いてしまう。ロッセリーニは答えなかったけど、これはマーティン・スコセッシなんだよね。

グロースの普通っぽさは、ジャーナリスト志望じゃなかったからだろう。本当は学校の先生だったのだが、クビになって路頭に迷っていたら知り合いのローカル放送に呼ばれ、インタビュアーをしているうちに〝この人は面白い！〟とＮＰＲに番組を拾われて、全米に放送されるようになったのだ。

　グロースはアジア人並みに小さくやせた女性だが度胸がある。性豪として有名なキッスのジーン・シモンズはグロースに「俺に心を開かせたいなら君が股を開け」などとセクハラしたが、「すごいこと言いますね」と軽くいなしてしまった。

　いつも自分のキャラを演じているコメディアンたちも、グロースの近所のおばさん的インタビューにはうっかり素顔を見せてしまう。いつもジョークばかりで、決して真面目に話をしないトレイシー・モーガンも、つい、素になって、実の母親がエイズで死んだことを告白して泣き出した。

　ビル・オライリーの時は逆だった。オライリーはＦＯＸニュースという保守系ケーブルＴＶ局のホストとして、右翼的で共和党側に偏った報道をしてきた。イラク戦争は全面的に支持して、戦争に反対する人々を非国民呼ばわりした。そうした偏向をグロースが淡々と追及していくと、オライリーは「侮辱だ！」と怒って帰ってしまった。これが公共放送だからね。ＮＨＫにできるかな？

TVコメディの監督、脚本、主演をこなす
インド系アラサー才女の次なる野望は？

ミンディ・ケイリング

'79年生まれ。女優、コメディアン、脚本家やプロデューサーとしても活躍。映画『40歳の童貞男』や『抱きたいカンケイ』などにも出演している。

No.33
Mindy Kaling

ＴＶコメディ『Ｔｈｅ Ｏｆｆｉｃｅ』の舞台になる製紙会社のオフィスに、ケリーという若いＯＬが登場する。彼女は四六時中、セレブのゴシップとロマ・コメとファッションとコスメのことばかり話している。身長１６０センチちょっとで体重72キロのケリーはあらゆるダイエット術を試して、サナダムシの卵を呑んだり、1日3食トウガラシ・ジュースだけを飲んだりして死にそうになる。

ケリーはインド系だ。インド系アメリカ人は勤勉かつ優秀で、医者や銀行家、ＩＴ関係に多く、ペプシやシティバンク、アドビといった世界的企業のCEOはインド系だ。でも、ケリーはそんなインド系のイメージと正反対で、どこまでもミーハーで軽くておバカ。

だが、ケリーを演じるミンディ・ケイリング自身は、この番組の脚本家で、監督もこなす才女なのだ。

ミンディは産婦人科医の母、建築家の父というインド系エリートの家に生まれた。「私がやせてたのは生まれて来た時だけね。その後はずっとぽっちゃり。私の子どもの頃の写真見たら、将来テレビに出るなんて誰も想像できないわよ」。名門ダートマス大学に入ったミンディはルームメイトと二人で『ベン&マット』という芝居を自作自演した。ベン・アフレックとマット・デイモンが映画『グッド・ウィル・ハンティング』の脚本を共同執筆する過程を勝手に想像したコメディで、ミンディはベン・アフレックを演じた。これで注目されて、ミンディは24歳で『The Office』の脚本家兼レギュラーに抜擢された。

ケリーのキャラはセレブとファッションにしか興味がない女性をバカにしているように見えるが、そうじゃない。「ガーリーだからってバカとは限らないわ」というミンディ自身、可愛いものが大好きなショッピング中毒だから。自分が買った楽しいもの（例えば、氷と違って溶けないから飲み物の味が薄くならない「アイス・ストーン」など）を報告するツイッターには２３０万人のフォロワーがいる。
'13年には新番組『ミンディ・プロジェクト』が始まった。ミンディ演じる32歳の産婦人科医が恋人を探すラブ・コメディ。彼女のぽっちゃり体型をネタにしたギャグが多いが本人は「ダイエット中毒のアメリカ人を笑ってるの。私は気にしないわ」。インドでは豊満なのが美人の条件だしね。

ベストセラーになった自叙伝『私の知らないところで、みんな、つるんでるんじゃない？』でミンディは地味で目立たなかった思春期を回想するが、明るくこう書く。「でも、中学や高校で人気者だった人は、その後の人生を『若い頃は良かった』と思い返してばかりでしょ？　そうならなくて良かった！」

ロマ・コメの主役になるという夢を果たしたミンディの次の夢は自分のファッションブランドを持つこと。「私がオシャレするのは自分が着たいから、女の子の友達に見せたいからで、男に媚びてるわけじゃないの。男のために着るのならTシャツにジーンズで充分よ」

No.34
Marie Colvin

戦場の現実を伝え続けたジャーナリスト。シリア内戦の砲撃で、ついに命を落とす。

マリー・コルヴィン

英『サンデー・タイムズ』紙の記者。シリア内戦を取材中の'12年2月22日、拠点としていた建物がアサド政権側の砲撃を受け、死亡した。

ウォッカをがっと喉に流し込み、タバコをふかし、失った片目に黒い眼帯をした戦場ジャーナリスト、と聞くとワイルドな男を想像するが、マリー・コルヴィンは女性だ。

その目は'01年、45歳の時にスリランカで失った。スリランカの人口の7割は仏教を信じるシンハラ人だが、少数民族であるヒンズー教徒のタミル人が分離独立を求め、内戦が続いている。その紛争地帯を取材中、政府軍がコルヴィンに向けて対戦車ロケット砲を発射し、爆発した破片が目を貫いた。以後、黒い眼帯は彼女のトレードマークになった。

ニューヨーク州出身のコルヴィンは名門イェール大を卒業後、UPI通信の警察番を経て、パリ支局に赴任し、ロンドンに渡って『サンデー・タイムズ』紙の特派員になった。リビアのカダフィ大佐の独占インタビューを成功させ、アラブ、チェチェン、コソボ、シエラレオネなど世界各地の血なまぐさい紛争地帯に飛び込んで行った。

だが、彼女は、政治や軍事には何の興味もなかった。「私はそこにいる普通の人たちの声を聞きたい」。コルヴィンは言う。「だって、政治家もマスコミも普通の人たちの意見を聞かないから。私は彼らの声を世界に届ける責任を感じる。彼らを無視するのは卑怯だわ。ジャーナリストが彼らの命を救うチャンスがあるなら、やるべきよ」

それは口先だけではなかった。'99年、コルヴィンは東ティモール共和国を取材していた。東ティモールは'75年にインドネシアから独立したが、それを認めないインドネシア政府軍との紛争が続いている。コルヴィンたちが取材していた村もインドネシア軍に包囲された。取材スタッフはすぐに村を出ようとしたが、村には1４５００人の女性や子供がいた。「私はこの人たちを置き去りにはできない」とコルヴィンだけがスタッフと別れて村に残った。インドネシア軍は、外国のジャーナリストがいる村を攻撃できなかった。４日後にようやく村人たちは救われた。

'10年末、「アラブの春」が始まってチュニジアやエジプトやリビアの民衆が次々に蜂起して軍事独裁政権を倒した。シリアでも、人々がアサド大統領に対して抗議デモを起こしたが、政府軍に虐殺され、激しい内戦に突入する。'12年2月、コルヴィンはシリア政府の警告に逆らい、オフロードバイクの後ろに乗ってシリアに入国した。

歴史ある街ホムスでは、政府軍のスナイパーが道行く一般市民を無差別に狙撃していた。コルヴィンも砲撃を受けて死亡した。享年56歳。彼女のルポを集めた本『オン・ザ・フロント・ライン（最前線にて）』が出版されたが、シリアの内戦は今も続いている。

生前、その勇敢さを讃えられたコルヴィンは、こう言い返した。

「これから私がどんな戦場に取材に行こうと、そこで黙って耐え忍んでいる普通の住民以上に勇敢であるはずがありません」

ついにカムアウトしたハリウッドの才女。
ゲイのための社会貢献も立派にこなす。

No.35
Jodie Foster

ジョディ・フォスター

'62年11月19日生まれ。イエール大学ではアメリカ文学を専攻し、優秀な成績で卒業した。映画監督や映画プロデューサーとしても活躍している。

'92年1月13日、ゴールデン・グローブ賞の授賞式で功労賞を受け取ったジョディ・フォスターはこう言った。「私、50歳よ！　47年の芸能生活は本当に長かったわ」つまり彼女のデビューは3歳ということ。日焼け止めコパトーンのCMで子犬に口でパンツを引っ張られる幼女を演じ、以降ハリウッド映画で子役として活躍した。一種の天才で、幼い頃からフランス語を流暢に話し、少女時代はフランスにも住んで子役やアイドル歌手をしていた。

狐を思わせる眼差しのせいでセクシーな役が多く、13歳のとき、ギャング映画『ダウンタウン物語』の妖艶なショーガール、『タクシードライバー』で少女娼婦を演じてセンセーションになった。

しかし本人は優等生で、名門イエール大学に進学。在学中に、『タクシードライバー』の劇中、主人公が大統領候補を暗殺しようとするのに影響された男がレーガン大統領を狙撃し、「ジョディのためにやったんだ！」と叫ぶ事件が発生。さらに別のファンが拳銃を持って大学に入り、ジョディを撃つ寸前で逮捕された。犯人は撃たなかった理由を「近くで見たら可愛くて」と答えた。アホか！

変態男たちの標的になったジョディはそれを役に活かし、『告発の行方』では3人の男にレイプされた被害者を演じ、FBIにボディガードされた経験から、『羊たちの沈黙』では食人鬼レクター博士に愛されるFBI捜査官クラリスを演じ、その両方でアカデミー賞を受賞した。『羊たち～』の原作者トマス・ハリスはジョディにいたく感動し、彼女のために続編『ハンニバル』を執筆したが、ハリス自身を投影したレクターと、ジョディをイメージしたクラリスとのセックスシーンを書き込んだためか、ジョディに出演を拒否された。そりゃキモいよなあ。

'90年代、ジョディは中年を迎えたが男の噂は一切なかった。ジョディは'98年に人工授精で長男を出産。レズビアンだと噂された。

'00年、ジョディー・フォスターがラッセル・クロウとデートしていると報じられた。クロウは人妻だったメグ・ライアンを落とし、彼女が離婚するなり捨てたプレイボーイだったので、ついに最難関に挑戦か！　と騒がれたが「やっぱりダメだったよ」と敗北宣言。「ジョディは違うリーグの選手なんだ」

それから12年後、とうとうゴールデン・グローブ賞の壇上でジョディは「私はとっくの昔に（レズビアンを）カミングアウトしてたつもりよ」と笑った。

2人の息子の父親は映画プロデューサーのランディ・ストーンだと言われている。ストーンはゲイで、彼が生前に立ちあげた「トレバー・プロジェクト」はジョディが引き継いでいる。これはゲイであることで悩む子どもが24時間電話で相談できるサービスで、自殺を思いとどまらせるのが目的だ。

父ブッシュ政権のスキャンダル処理係。
仕事の信条は、「誰にでも過ちはある」。

No.36
Judy Smith

ジュディ・スミス

ワシントンの危機管理コンサルタント。自身がモデルになったドラマ『スキャンダル』では、制作総指揮補として番組にも参加している。

CIA長官ペトレイヤスは女性記者との不倫で免職になり、タイガー・ウッズはツアー先で片っ端からブロンド美女にパターを決めて爽やかイメージ崩壊、リンジー・ローハンは相次ぐ飲酒運転で落ち目…。政治家、スポーツ選手、芸能人のスキャンダルを騒げばマスコミは儲かるが、その裏で、スキャンダルを潰すプロもある。

ABCテレビのドラマ『スキャンダル』のヒロインは「イメージ危機管理」のエキスパート、オリヴィア・ポープ（ケリー・ワシントン）。「愛人と一緒のところを写真に撮られた」

「息子が交通事故を起こした」「娘が新興宗教にハマった」。私生活でトラブルを抱えた有名人たちがパニックを起こして相談すると、オリヴィアは淡々と関係者を買収して黙らせ、興奮する妻をなだめ、謝罪会見の演技指導をする。スキャンダルをもみ消すだけでなく、世間的イメージの傷を最小限に抑える。

このドラマは父ブッシュ政権で危機監理を担当したジュディ・スミスの体験を元にしている。彼女の母は貧しいアフリカ系で、ビルの清掃員として働きながら、女手ひとつでジュディを育てた。ジュディのスキャンダル・バスターとしての最初の仕事は11歳の頃。彼女以外の女子とキスしたのがバレて困っている男子のために、彼女を説得してやったことだという。

苦学して弁護士になったジュディは連邦検察局に入り、広報を担当。そして父・ブッシュ政権で副報道官に任命される。ホワイトハウス周辺のスキャンダル処理係として、数々の事態の収拾にあたった。たとえばその前のレーガン大統領が敵国イランに武器を売った金でニカラグアの右翼ゲリラに資金援助したイラン・コントラ疑惑、下院議員ゲイリー・コンディッドの下で研修していた女子大生の失踪事件……。

公職を退いた後、ジュディはイメージ危機管理会社を設立。脱税逮捕された俳優のウェズリー・スナイプス、クリントン元大統領と「不適切な関係」を持ったホワイトハウス研修生モニカ・ルインスキー、闘犬（違法だ）で逮捕されたNFLのスター選手マイケル・ヴィックなどがクライアントだ。

　ジュディ曰く、スキャンダル収拾のポイントは「事態に直面する」「パニックを起こさない」「無傷で済まそうと思わない」「一人で抱え込まずに相談する」「守りたいものは仕事、家庭、財産、名誉などがあるが、すべてを守ろうとしたら何も守れない。最終的に絶対に守りたいもの（家庭、仕事、金、地位など）を一つだけ選び、それ以外は犠牲を惜しまないこと」。

「私はスキャンダルを抱えた人を決して道徳的に批判しません」とジュディは言う。「誰にでも過ちはあります。それを最も小さなダメージで解決し、再起のチャンスを与えるのが私の仕事です」

　ちなみにドラマ『スキャンダル』のヒロインは大統領と不倫関係にあって子どもまで産んでいるが、ジュディは一切そんなことはないと笑う。「テレビだから話を盛ってるだけよ！」

難民キャンプ育ちの天文学者が、
不可能と言われた小惑星を発見するまで。

No.37
Jane Luu

ジェーン・ルー

'63年生まれ。スタンフォード大学在学中の夏休みにアルバイトをしたのが惑星探査機を開発する研究所。そこで天体と天文学の魅力にとりつかれた。

彗星（ほうき星）はどこから来るのか？　太陽系の彼方、土星よりも、天王星よりも、海王星よりも遠くに、彗星のもとになる小さな惑星や氷がたくさん浮いているのではないか？　'50年代、天文学者カイパー博士がそう提唱したため、まだ見ぬ「彗星のもと」の輪はカイパー・ベルトと呼ばれるようになった。昔は惑星の一つに数えられてきた冥王星は、今ではカイパー・ベルトの一つだとされている。そう、もう冥王星は惑星じゃないんだ。しかし、誰も冥王星以外に一つもカイパー・ベルトの現物を望遠鏡で確認した者はいなかった。'92年にジェーン・ルー博士が見つけるまでは。

ジェーン・ルーは'63年、南ベトナムの首都サイゴン（現・ホーチミン市）で生まれた。当時ベトナムは社会主義政権の北部とアメリカの支援を受けた南部に分かれて戦争していた。父はアメリカ軍のために働いていたが、ジェーンが12歳になる年、南ベトナムは負けて、サイゴンは北ベトナム軍に占領された。アメリカの協力者だったルー一家は命からがら、アメリカ軍の輸送機に乗って脱出するしかなかった。

アメリカ生活は難民キャンプから始まった。財産も仕事も失ったルー家は貧かった。キャンプを出た後、しばらくは他人の家のガレージを借りて家族5人で暮らした。「両親は全然教育がなくて、家には1冊の本もなかったわ」というジェーンだが、学業で天賦の才能を発揮し、飛び級して奨学金を得て、名門スタンフォード大学の物理学部に進学した。

在学中の'77年、無人惑星探査機ボイジャーが打ち上げられた。木星を越えて太陽系の果てまで飛んでいく予想図を見てジェーンは魅了された。その日から、彼女は天文学者を目指した。

ハワイ大学のデヴィッド・ジューイット博士と共に、標高4200メートルのマウナケア山頂にある2・2メートルの大望遠鏡でカイパー・ベルトの小惑星探しが始まった。標高が高ければ空気が薄くなって宇宙がよく見える。それでもカイパー・ベルトは地球や太陽から50億キロ以上離れているから光はごくごく弱い。それに、大きいものでも直径100キロ程度の岩や氷の塊にすぎない。しかも何億もの明るい星の海の中から小さく暗い小惑星を探し出すのは気が遠くなる地道な作業だった。

「無駄だよ」「見えやしない」「理論だけで実在しないかもよ」と、さんざん言われながら、ジェーン・ルーとジューイットは数えきれない星と格闘し続けて、5年後、ついに発見した。その翌年には5個。その次の年には10個見つかった。そのうちの2つは「ルー」と「ジューイット」と名付けられた。

現在、ルー博士はマサチューセッツ工科大学の教授だが、頻繁にネパールに旅行して山村の貧しい子供たちに英語を教えている。「私が国を超えて生きられたのは英語をマスターしたおかげだから」

世界で初めて「バグ」を見つけた
「コンピュータの母」。

No.38
Grace Murray Hopper

グレース・ホッパー

幼い頃から数学が得意な少女で、名門イエール大大学院で博士号を取得した。海軍を退役したのは、なんと79歳の時。'92年に85歳で亡くなった。

筆者の友人、スティーヴの仕事はスーパーコンピュータのメンテナンス。彼に誘われ、初めて本物のスパコンに触った。スパコンが設置された部屋には、ダウンを着込んで耳栓をして入る。ものすごく冷却してあるうえに凄まじくうるさいからだ。ビルのフロア全部に広がる巨大なスパコンのフタには中年の女性の顔が描かれていた。

「コンピュータの母、グレース・ホッパーだよ」

１９０６年生まれのホッパーはアメリカで初めて数学で博士号を取得した女性。教師となり結婚もして平凡に暮らしていたが、第二次世界大戦中、数学の能力を国のために使おうと決意した彼女は、37歳にして海軍に入った。そこでは世界初のコンピュータの開発が始まっていた。彼女は研究に夢中になって、夫とは離婚した。

戦後、最初のコンピュータ「マーク1」は海軍からハーバード大に移され、ホッパーは引き続き研究を続けた。

ちなみにコンピュータのプログラム・ミスを「バグ（虫）」と呼び、その修正をデバグと呼ぶが、世界で最初にその言葉を使ったのもホッパーだった。'45年9月、マーク1が止まったので中を調べたら、回路の中に蛾が挟まっていた。最初のバグは本当に虫だったのだ！　ホッパーはその蛾を日記にセロハンテープで貼り付けた。それは「世界最初のバグ」としてスミソニアン博物館に保存されている。

当時のハーバード大は保守的で、女性であるホッパーを決して教授にしなかった。ガラスの天井に阻まれ、研究のリーダーシップが取れず、行き詰まった彼女は酒に溺れ警察沙汰も起こし、自殺未遂も起こした。

そのどん底からホッパーは立ち上がった。女性差別で身動き取れないハーバード大を43歳で飛び出し、実力主義の民間企業に飛び込んだ。世界初の民間用コンピュータの開発チームに参加したのだ。'51年に完成したUNIVACは、商業的に大成功した。

ここでホッパーは世界で初めてコンピュータに英語を教えた。それまでのコンピュータは機械語でしかプログラムできなかったが、彼女は「英語が使えなきゃ民間用になんかできないわ」と主張した。周囲の人々はそんなの無理だと笑ったが、彼女はついに英語を読むコンパイラを開発した。彼女がいなければ、今のように誰でもコンピュータが使える時代は来なかったかもしれない。さらに'59年、ホッパーはアメリカ国防省のために事務処理用言語COBOLを開発した。

65歳になったホッパーは海軍に復帰した。作戦プログラム担当として働き、79歳で引退する時には准将にまで出世していた。

男ばかりの海軍とコンピュータの世界に身を投じ、挫折を乗り越えて道を切り拓いてきたホッパーは、若者たちにいつも「やりたいことがあるならよくよく迷わず実行しなさい」と教えていた。「やっていいかどうか許しを得るよりは、やっちゃってから赦してもらうほうが簡単なんだから」

キング牧師の公民権運動の火付け役。
理不尽な差別に屈しないのは女性だから。

No.39
Rosa Parks

ローザ・パークス

「公民権運動の母」と呼ばれる。'99年には、最も偉大なアメリカ市民に贈られるアメリカ連邦議会の議会金メダルを授与された。

'13年2月4日、アメリカ郵政公社はローザ・パークスの切手を発行した。その日、彼女が生きていれば１００歳の誕生日だった。

パークスはデパートで働く「お針子」さんだった。しかし「アメリカを変えた１００人」のリストには必ずランクされる。

'55年12月1日夕方6時頃、南部アラバマ州モンゴメリー市で、一日の仕事を終えたローザ・パークス（当時42歳）は、バスに乗り込んだ。しばらくすると、運転手が彼女に席を立つよう命令した。そこは白人専用の席だったからだ。

　1865年、南北戦争で南部が負けて、黒人奴隷制度は廃止された。しかし南部ではその後もずっと黒人差別を続けた。選挙権を与えず、人種隔離法を作った。学校やレストラン、公園のベンチや水飲み場、バスの席や待合室は白人用と黒人用に分けられ、黒人が白人用を使うと逮捕されるのだ。

　完全な平等を求めた黒人たちはNAACP（全米黒人地位向上協会）を結成して戦ったが、状況は変わらなかった。パークスは夫と共に地元のNAACPを手伝った。

'44年、黒人女性が6人の白人に拉致監禁されてレイプされた。パークスはNAACPで事件を調査したが、犯人は無罪になった。

「もう我慢ならなかった」

　パークスは白人席から動かなかった。運転手はそのままバスで警察に向かい、彼女は逮捕された。

　パークスの逮捕を知ったのはマーティン・ルーサー・キングJr.という26歳の黒人の牧師だった。市民運動の天才だった彼は、パークスの勇気を讃え、モンゴメリーのバスのボイコットを呼びかけた。バスの利用客は自動車を買えない貧しい黒人が多かった。彼らは何キロも歩いて怒りを示した。人種隔離に反対する白人も参加した。それが1年続き、世界中のマスコミが取材に来た。バス会社は降参し、人種による席分けを撤廃した。

そこからキング牧師は非暴力闘争を南部全体に広げ、9年後の'64年には連邦議会で、南部の人種隔離を禁止し、黒人の参政権を守る「公民権法」が成立した。南北戦争終結から99年目だった。

革命の火付け役になったパークス本人は死ぬまで貧しかった。老後は家賃も払えなくなったが、それが報じられて寄付が集まった。大家は家賃をタダにした。2005年に亡くなったパークスは国会議事堂に葬られた。議事堂に安置された最初の女性である。

キング牧師のような戦略家がいなかったから革命には繋がらなかったが、実はパークス以前にも白人席から立ち退くのを拒否した黒人は何人かいた。いずれも女性だ。男ってけっこう理不尽な体制に従っちゃうとこあるんだよね。

携帯電話の理論を発明したのは
劇場用映画史上初のセクシー女優。

No.40
Hedy Lamarr

ヘディ・ラマール

武器製造会社の社長と結婚したが、嫉妬深い夫が「妻の裸は誰にも見せないぞ」と『春の調べ』のフィルムを世界中から買い占めた、という逸話がある。

現在、世界中の人々が使っている携帯電話や無線ＬＡＮは、世界初のセクシー女優によって生み出された。

ヘディ・ラマールは、１９１３年にオーストリアのウィーンに生まれ、19歳の頃、チェコ映画『春の調べ』（'33年）に主演した。ラマール演じるヒロインは父親ほど年の離れた夫と結婚するが、愛することができない。彼女は欲求不満をまぎらすように湖で全裸で泳ぐ。これは世界の劇場用映画史上初めての女性のヌード・シーンだった。ヒロインは青年と出会って恋に落ち、セックスし、エクスタシーに達する。そのシーンでは、顔しか映らないが映画史上初めてのオルガズム描写でもある。『春の調べ』は全世界でセンセーションを起こし、アメリカでは上映禁止になった。彼女は世界初のセクシー・スターになった。

やがてラマールの母国オーストリアはナチス・ドイツに併合された。ユダヤ人である彼女はロンドンに逃れた。そこで、ハリウッドの大プロデューサー、ルイス・B・メイヤーと出会い、映画の出演契約が交わされた。

ラマールハリウッドでは数々のスターと共演したが、本人は女優業にはあまり興味がなかった。彼女の趣味は発明だった。信号機からティッシュペーパーの箱まで、いろいろなものを発明して特許を取ろうとした。

そしてラマールは、前衛音楽家のジョージ・アンタイルと出会った。アンタイルも機械が大好きだった。たとえば彼の作品『バレエ・メカニーク』は、ブザーや飛行機のプロペラやサイレンなどが楽器として使われる。アンタイルもラマールと同じくナチから逃げて来たユダヤ人だった。

当時、ナチはUボートという潜水艦で民間船を攻撃していた。Uボートを退治するには無線誘導の魚雷を使うが、電波妨害によりコントロールを失うことが多かった。

どうしたら、電波妨害されないか？　ラマールは、アンタイルのピアノを聴きながら考えていた。アンタイルは次々と転調を繰り返した。ラマールはひらめいた。

「ピアノで転調するように、無線の周波数も時々変えれば、妨害されないかも」

二人はこの「周波数ホッピング」技術で特許を取得したが、無料で海軍に譲渡した。この技術を魚雷に使って、ナチに勝ってほしいと願ったからだ。しかし、海軍が実用化する前に、戦争は終わった。

それから20年ほど経って、周波数ホッピングは無線技術に使われるようになり、'90年代には携帯電話や無線ＬＡＮなどに応用された。既に特許を譲渡したラマールは1ドルも儲からなかったが、'97年、ＥＦＦ（電子フロンティア財団）から偉大な発明者として表彰されることになった。当時80歳を超えていたラマールは授賞式には現れず、代わりに息子が賞を受け取った。それが報じられた時、ほとんどのアメリカ人は初めて、あのセクシー女優の正体を知って驚いた。

ラマールは昔こう言っていた。「どんな女の子でもグラマーに見える方法があるわ。バカに見せかければいいのよ」

まったく進まないアメリカの銃規制。
自らの銃撃体験を語り戦い続ける元議員。

No.41
Gabrielle Dee Giffords

ガブリエル・ギフォーズ

アメリカの元連邦下院議員。銃撃事件以前は銃規制反対派だったが、事件後は銃規制を推進する立場に転じた。夫は元海軍軍人で宇宙飛行士だった。

アリゾナ州は「銃の州」と呼ばれている。銃を買うのに何の許可もいらない。スーパーに行ってショーケースの銃を指差して金を払えばいい。身分証明書すら必要ない。自動車を運転するには免許証がいるが、拳銃には何の許可証もいらない。自動車を所有するには登録が必要だが、銃は登録しなくていい。だからアリゾナでは、主婦や子どもまで銃を持っている。そして心の壊れた人も。

'11年1月8日、ツーソン市近くのスーパーの駐車場で、下院議員のガブリエル・ギフォーズが選挙のための挨拶をしていると、若い男が近づいて、至近距離から拳銃で彼女の額を撃ち抜いた。

男は群衆にも銃を乱射した。20人が撃たれ、6人が死亡。犠牲者には9歳の少女もいた。犯人は統合失調症と診断された。

脳を損傷したギフォーズ議員は奇跡的に生き延びた。頭蓋骨を切除するなどの大手術を繰り返し、両目の視力はほとんど失われ、右半身は完全に麻痺したが、銃撃から約8か月後、夫に付き添われて議会に姿を現し、壇上に立って輝くような笑顔を見せた。

リハビリのため、議員は引退したが、ギフォーズは政治活動をやめたわけじゃない。彼女はオバマ大統領と共に、銃購入者の犯罪歴と精神疾患歴のチェックを義務付ける法律を作ろうと邁進している。驚くべきことにアメリカではそのような法律がなかったのだ。

しかし、もっと驚いたのは、実際に銃撃を受けたギフォーズ自身が議会で、麻痺して不自由な口から一語一語絞り出すようにして、犯罪・精神疾患歴チェックの必要性を訴えても、議員たちには全く効き目がなかったということだ。

犯罪者や精神異常のチェックに反対する議員たちは「法律で禁じたところで、危ない奴らはどうせ銃を手に入れるから」と言う。でも、本当は、彼らは銃所持の権利を守るための団体NRA（全米ライフル協会）の言いなりなのだ。'13年4月17日、連邦上院議会で、犯罪・精神疾患歴のチェックを義務付ける法案は否決された。投票前、'12年12月にコネティカットの小学校の乱射事件で我が子を殺された親たちが議会を訪れ、議員たちに法案成立を求めたが、それも無駄だった。

NRAは銃所持の権利を守る団体で、銃所持者の多い南部や中西部ではNRAに逆らうと絶対に選挙で勝つことはできない。共和党だろうと民主党だろうと関係ない。

「議員たちには乱射事件の遺族たちの必死の訴えも効きませんでした」。翌日の『ニューヨーク・NYタイムズ』にギフォーズは怒りの言葉を発表した。「彼らは落選する恐怖に屈したのです。そんな恐怖など、銃で撃たれた幼い子どもたちの恐怖に比べればいったい何だというのでしょうか？」

それでもギフォーズは決してあきらめない。銃撃事件から3年目の1月8日、彼女はこうツイートした。

「3年前の今日から、私は一歩ずつ進んできました。多くの苦難を克服してきました。努力だけが進歩を可能にするのです」

ギフォーズはリハビリの結果、一生動かないと思った右腕を上げられるようになった。そして、惨劇の日にアリゾナの空からなんとスカイダイビングしてみせた。

「今日、私は三年前に犠牲になった人々を悼み、忘れません。そしてまた一歩踏み出します。私は日々、強くなっているんです」

そしてまた銃規制法の成立を目指してワシントンの議会に現れ、拳を振り上げて叫んだ。

「ファイト！　ファイト！　ファイト！」

乳ガンの予備切除で、またまた人気上昇。
女として母として、信じる道を突き進む。

No.42
Angelina Jolie

アンジェリーナ・ジョリー

母が乳ガンで10年以上闘病生活を送り、卵巣ガンを併発して早逝したことも乳房切除の決断の理由だった。その発表直後におばも乳ガンで亡くした。

遺伝子検査で「乳ガンになる確率87%」とされたアンジェリーナ・ジョリーが左右の乳房を切除し、それを公表した。セクシーさを売り物にするハリウッド・スターである彼女の行動は、ガンの可能性に悩む女性たちに勇気を与えたという。

'01年、『トゥームレイダー』の取材で筆者が会った時、ジョリーは不良女優と呼ばれていた。

〝ナイフで互いに傷つけながらするセックスが最高〟だとか、過激な発言が多かったうえに、人の男を横取りしたからだ。女優ローラ・ダーンと婚約していた俳優ビリー・ボブ・ソーントンを横取りして、強引に結婚式を挙げた。その時、ジョリーは左腕に大きく「ビリー・ボブ」とタトゥーしていた。

その6年後、『マイティ・ハート』の取材で会った時、左腕のタトゥーは消えていた。ソーントンと別れたジョリーは、映画で共演したブラッド・ピットをまたしても妻から略奪したのだ。ブラピを盗られたジェニファー・アニストンはTV『フレンズ』のヒロインでロマ・コメの女王。女性からの絶大な支持を集めるアニストンに恥をかかせたジョリーは世間の嫌われ者に…ならなかった。ジョリーのほうがはるかにカリスマ性が高かったのだろう、ジョリー人気は上昇。ブラピと二人でブランジェリーナと呼ばれ、ハリウッド最高のセレブ・カップルになった。

また、ジョリーは『トゥームレイダー』のカンボジア・ロケで、現地の子どもたちの貧しい現実にショックを受け、アジアやアフリカの難民キャンプを訪れて支援活動をするようになった。さらに'01年にはカンボジア難民のマドックスくんを養子にした。

その後、ブラピとの間に1人の娘と男女の双子をもうけ、ベトナムから男の子、エチオピアから女の子を養子にした。現在、彼女の左腕には6人の子どもの、生まれた場所の緯度と経度が彫られている。

『マイティ・ハート』はジャーナリストの夫をアルカイダに殺されたマリアンヌ・パールの実話の映画化だった。パールはオランダ、ユダヤ、アフリカ、キューバ、中国の血を継いでいるが、ジョリーは「どんな人種にも見える私のための役みたいでしょ」と笑った。ジョリーの父はドイツとスロバキア、母はフランス、オランダ、それにアメリカ原住民の子孫だ。「私自身も私の家族も国連みたいなものよ」と言うジョリーはUNHCR（国連難民高等弁務官事務所）の親善大使として、今もアジアやアフリカを飛び回る。

ブラピは最近、ジェニファー・アニストンとの結婚生活を「退屈だった」と告白したが、ジョリ姐と比べるのは酷だよ！

大家も容赦なくぶった切る超辛口書評家。
ピューリッツァー賞を受けても式は欠席。

No.43
Michiko Kakutani

ミチコ・カクタニ

'55年生まれ。イエール大学を卒業後、『ワシントン・ポスト』紙や『タイム』誌でキャリアを積んだ。世界的な数学者・角谷静夫博士の娘でもある。

ミチコ・カクタニは、おそらくアメリカで最も恐れられている日系人だ。彼女が『ニューヨーク・タイムズ』紙に書き続けている書評があまりにも辛辣だからだ。

たとえば、『タイム』誌で「現代アメリカの偉大な作家」と讃えられたジョナサン・フランゼンが若き日の思い出を描いた『ディスコンフォート・ゾーン』をカクタニはこう批評した。「若くてマヌケな作家のムカつく自画像だ。彼は不機嫌で、尊大で、思い込みが激しくて、自己中心的で、とにかく自分のことしか考えてない」

これに対してフランゼンは「ミチコ・カクタニはニューヨークでいちばんのバカタレだ！」と反論した。反論ていうか涙目じゃん。

カクタニは巨匠にも容赦しない。イギリス最高の文学賞、ブッカー賞作家カズオ・イシグロの『夜想曲集』は「心理的に鈍く、構成は不器用」と思いっきり上から目線で斬り捨てる。ピューリッツァー賞作家ジョン・アップダイクの『君を見つけるまで』も「退屈で、自分勝手で、ひどくぼやけている。まるで機械で書かれたみたいだ」とさんざん。

誉める時は絶賛するのだが、けなす時はもうボロカスで、中間がない。だから、同じくブッカー賞作家のサルマン・ラシュディも「ミチコは拍手か平手打ちしかないと思っているようだ」という。また、白人作家に特に厳しいので、ノンフィクション作家ノーマン・メイラーは「ミチコは白人に特攻するカミカゼだ」と書き、「ニューヨーク・タイムズが彼女のひどい書評を載せ続けているのは、アジア系枠だからクビにできないのさ」と差別的なことまで言い出した。

ハリー・ポッターの最終作『死の秘宝』が発売された直後の新聞にカクタニがストーリーまで明かした酷評を書いた時は、全世界のハリポタ・ファンが「ネタバレだろ！」と怒ってニューヨーク・タイムズのメールアドレスを大炎上させた。

でも、ユーモアもあって、映画やアニメ、小説の主人公の口調で書評することもある。

たとえば'60年代ロンドンを描いた本の書評は「イエー、ベイビー」とオースティン・パワーズを真似てみたり。

彼女自身は謎に包まれている。新聞記者を経て、'83年から書評を担当している、ということぐらい。写真も一枚しか存在しない。インタビューも受けない。

日系女性といえば礼儀正しくて大人しくて……というステレオタイプを徹底的に破壊したのが彼女のいちばんの功績だろう。

その歯に衣着せぬ書評で彼女は'98年にピューリッツァー賞を受賞したが、授賞式には出席しなかった。普段もパーティには一切顔を出さず、文壇とも接触はない。まあ、作家が泣きながら「ひどいこと書きやがって」とつかみかかってくるに決まってるから。

ところが'13年9月、ニューヨーク・タイムズが、突然、引退したヤンキーズのマリアノ・リヴェラ投手の業績を振り返る記事をミチコ・カクタニに書かせた。書評以外の文章は初めてだった。それればかりか、プエルトリコ系のリヴェラをブルース・リーと並べて「禅の境地」と絶賛した。野球好きなの？　ブルース・リーも？　人々は混乱した。

さらに同年11月、カクタニは亡くなったロック・ミュージシャン、ルー・リードを熱く追悼した。そうか、彼女の毒舌はパンクだったんだな。カクタニはルー・リードの歌詞の引用で追悼文を締めたが、それは彼女自身の書評について歌っているようにも思えた。

ミチコ・カクタニ

私はあなたの鏡になる
あなたの本質を映すんだ
知らないだろうと思ってね

No.44

Sonia Sotomayor

貧困と糖尿病を乗り越えて
ヒスパニック初の最高裁判事に。

ソニア・ソトマイヨール

オバマ大統領が指名したアメリカ最高裁判事。'94～'95年のメジャーリーグ史上最長のストライキでは、連邦地裁判事として終了命令を出した。

アメリカで最高の権力者は誰か。大統領？　いや、たとえ大統領が決めたことであっても最高裁に憲法違反だとされたらパアだ。最高裁は9人の判事の多数決で決める。判事は大統領が任命するが、一度任命されたら辞任するか死ぬまで罷免されない。大統領の任期は最大で8年なのに。この判事9人がアメリカの政治から国民の生活までも決めていく。'80年代以降、大統領はレーガン、父ブッシュ、クリントン、子ブッシュと、4人中3人が共和党だったので、彼らが任命した保守的な判事が多数を占めることになり、保守的な、または共和党寄りの憲法判断が下されることが多く、それが保守的な政策を支えて来た。'09年、引退したデヴィッド・ソウター判事の後任に、オバマ大統領はソニア・ソトマイヨールを指名した。彼女は史上3人目の女性最高裁判事だ。

保守派のソウターの代わりにリベラルのソトマイヨールが入ったことで、最高裁判事は、4人が保守で、4人がリベラル、一人が中間というバランスになった。それはオバマ大統領の行う改革に大きな助けになる。

オバマがまず行った改革は、公的医療保険改革、いわゆるオバマケアだ。貧しい人々の保険を税金で援助するため全国民に保険への加入を義務付けたのだが、共和党に支配された各州の議会が「州の自由の侵害だ」と憲法違反で訴えた。オバマケアを生かすも殺すも最高裁に委ねられたのだ。

最高裁は5対4でオバマケアを合憲と判決した。続いて、同性間の結婚を禁じることは憲法違反であると判決した。次々と下される歴史的な憲法判断のキーパーソンであるソトマイヨールは史上初のヒスパニックの最高裁判事でもある。

彼女は、ニューヨークのヤンキーズ・スタジアムがあるサウス・ブロンクスの貧困層向け団地で育った。両親はプエルトリコからの移民で、父は小学3年生までの教育しか受けておらず、英語もしゃべれないまま、工場で働いていた。母は看護師になり週6日勤務だったので、父が子育てをした。

　彼女は7歳の時、遺伝性の糖尿病で倒れた。毎朝、インシュリンを注射しないと死んでしまう。ところが父は娘に注射しようとして顔に刺してしまう。重度のアルコール依存症で手が震えるからだ。幼いソニアは自分で自分に注射するしかなかった。父は酒で体を壊し、彼女が9歳の時に死んだ。仲の良かった従兄も貧困と犯罪にまみれて、ドラッグに溺れて死んだ。こんな環境だから、ソニアは絵本すら読んでもらえなかった。母親は代わりに、百科事典をローンで買ってくれた。小学生だったソニアはそれを何度も何度も貪るように読んだ。『不思議の国のアリス』のストーリーよりも先に、法律や歴史について知った。

　ソニアはナンシー・ドリューという少女が活躍する探偵小説に夢中になった。テレビも刑事ドラマが大好きだった。警察官になって正義のために闘いたいと思ったが、突然意識を失う可能性のある糖尿病患者は警官になれないと知る。

　絶望したソニアは、テレビで『弁護士ペリー・メイスン』を観て「これだ！」と気づいて法律家を目指した。まず名門プリンストン大に入学、首席で卒業。次に名門イエール大の法学院を出てニューヨークの検察局で働き始めた。

　私生活では、高校の同級生（弁護士）と結婚したが、5年で離婚した。「私が一日3箱以上吸うヘビースモーカーだったから」と冗談めかすが、本当は夫より仕事を取った。その代わり、彼女は４５０件に及ぶ犯罪と闘った。

「私は貧しく育ちましたが、それはリッチ（豊か）な経験でした。おかげで私は多角的な視点を持つことができたのです」と言うソニアが加わった今の最高裁は、国論を二分する問題に次々と歴史的なジャッジを下している。

No.45
Betty White

下ネタもイケる〝アメリカの黒柳徹子〟。
90歳過ぎて「進化し続けること」が座右の銘。

ベティ・ホワイト

これまでに通算7回エミー賞を受賞。全米で愛されている〝おばあちゃん女優〟。自身と会える権利をチャリティのためオークションに出品したことも。

黒柳徹子さん（'33年生まれ）は、日本でテレビの本格放送が始まった'53年に日本初のTVタレントになって以来、60年以上現役を続けているが、そのさらに先輩にあたるのがベティ・ホワイト（'22年生まれ）だ。

ホワイトはラジオから業界に入り、アメリカで世界最初のテレビ放送が始まった直後の1949年、芸能ワイド番組『ハリウッド・オン・テレビジョン』の美人アシスタントとしてブラウン管に登場した。当時はまだビデオテープが存在しなかったので、全ての番組が生放送だったが、27歳のホワイトは臨機応変のアドリブで番組を仕切った。「父がセールスマンだった影響で、しゃべるのは得意なの」

'53年には生放送コメディ『エリザベスとの生活』を企画制作主演。史上初の女性TVプロデューサーとなり、エミー賞を受賞した。

'60年代のアメリカのテレビではゲーム番組が流行した。『笑点』のようにタレントがユーモアと頭の回転を競い合うショーだが、そこでもベティ・ホワイトは抜群だった。あまりに口が達者なので「ベティなら殺人を犯しても有罪にならないだろう」と言われたほどだ。

'70年代、ベティはアメリカの国民的コメディ番組『メアリー・タイラー・ムーア・ショー』にレギュラー出演。料理番組のタレントで良妻賢母のイメージだが、実はセックス大好きという裏表のあるキャラで視聴者を笑わせて、また2度目となるエミー賞を受賞した。

'80年代、還暦を過ぎたホワイトは、老人たちが集まるフロリダに住む未亡人たちを主役にしたコメディ『ゴールデン・ガールズ』に主演。ぶっちゃけたエロ・トークで、「私たちは人生を引退したシルバー世代じゃない、現役の黄金の世代なのよ!」とアピールした。

21世紀に入ると、『ゴールデン・ガールズ』で共演した俳優たちは次々と鬼籍に入り、ホワイトは唯一の生き残りになった。「ネットで友だちとつながるには、天国とつないでくれないと」とギャグを飛ばしながら、'10年、老舗のお笑い番組『サタデー・ナイト・ライブ』のホストを務めた。番組に自作のマフィンを持ってきて「私のマフィン、どう？まだいけるでしょ？」とやって、全米を悶絶させ（マフィンはスラングで女性器を意味する）、これでまたまたエミー賞受賞！

他の女優と違って年を重ねても仕事が減らないコツをホワイトはこう語っている。「いつまでも好奇心を失わないこと。変わり続けること」。ちなみに尊敬する人は進化論の提唱者チャールズ・ダーウィン。

「ママは言ってたわ。何でも古くなるほど良くなるって。バナナ以外はね！」

'14年1月に92歳になったホワイトは、今も現役で看板番組『ベティ・ホワイトのオフ・ゼア・ロッカース』を持っている。ホワイト率いる老人軍団が若者たちに様々なイタズラを仕掛けるのを隠しカメラで撮影したどっきり番組で、おじいちゃんがレストランで突然死したふりしたり、おばあちゃん二人で行きずりのイケメンを「3Pに興味ある？」と誘ったりして、シャレにならないよ！

貧困層と女性を守るための11時間の演説。未婚の母からハーバード出の政治家に。

No.46
Wendy Davis

ウェンディ・デイヴィス

'63年生まれ。11時間にわたるスピーチに備えるために彼女が履いたミズノのランニング・シューズは、その後注文が殺到したのだとか。

ウェンディ・デイヴィスは14歳の頃から働き始めた。学校が終わると近所の家を回って新聞の勧誘。週末はショッピング・モールでオレンジジュースの売り子。両親は離婚し、父は4人の子どもの養育費を送らず、母は小学校しか出てないので最低賃金の仕事しかない。ウェンディが働くしかなかった。

ウェンディも高校生の時に妊娠して結婚した。父親は若く、生活能力がなく、すぐ離婚。19歳で娘を抱えたウェンディは、生活保護を受けながらトレイラーハウスで暮らすことになった。アメリカの最底辺に落ちたのだ。

ところが彼女はそこであきらめなかった。21歳で離婚したウェンディは、昼間は受付嬢、深夜はウェイトレスとして働いて娘を育て、弁護士であるジェフ・デイヴィスと出会って再婚。夫の勧めで法律を勉強し、ついに名門ハーバード大学の法学院を卒業したのだ。

そしてウェンディ・デイヴィスはテキサス州議会の上院議員になった。テキサスは保守的な州で、議席の大半は男性の共和党員が占めているが、ウェンディは女性で民主党、しかも50歳には見えない若々しくゴージャスでセクシーなルックスだった。

注目されたのは見た目だけではない。貧しい者と女性のため、彼女は徹底的に闘った。

'11年、リック・ペリー州知事（共和党）は学校教育予算を40億ドルも削減しようとした。議会は共和党が過半数なので予算案は確実に通過する。そこでウェンディはフィリバスター（牛歩戦術）を行った。議員が演説をする時間は制限されていないので、一人でできるだけ長く演説し続けて、採決を遅らせるのだ。フィリバスターは「議事妨害」とも訳され、悪いことのように聞こえるが、少数派が意見を主張する最後の手段なのだ。

'13年6月、ペリー州知事は、州内に42軒ある中絶医院のうち37を閉鎖する人工中絶規制法案を通そうとした。日本の総面積の2倍近くもある巨大なテキサス州に中絶医院がたった5軒になるというのだ。しかもテキサスの10代女性の妊娠率は5％以上。つまり20人に一人。法案が通れば、ヤミ中絶の増加と10代母の貧困層転落で、悲惨な事態になる。自分も10代のシングル・マザーとして苦労したウェンディは、またもフィリバスターを行った。テキサス州では演説中の食事やトイレは禁止。机や壁に寄り掛かってもダメだ。そこで彼女はミズノのランニング・シューズを履き、尿道カテーテルまでつけた。そして11時間、スピーチを続けた。法案は期限切れで失効した。テキサスの女性たちは歓喜し、デイヴィスを讃えた。

しかし、勝利は長く続かなかった。ペリー州知事はすぐに同じ内容の法案を再提出して議会を強行突破してしまった。ウェンディは負けたのか？「いいえ。戦いは始まったばかりです」と言う彼女は、'14年のテキサス州知事選挙に狙いを定めた。

さっそくテキサスの共和党系メディアは激しいバッシングを始めた。「トレイラーハウスに住んでたのはたった数か月」「夫に娘を預けて自分だけハーヴァードに行くなんて母親失格」……。さらにデイヴィス支持を表明したガール・スカウト協会に対して、保守系団体は「ガール・スカウトが売るクッキーは買わないで。それは中絶を認めることです」と呼びかけている。いやあ、たしかに「戦いは始まったばかり」だなあ。

歴代大統領11人に最前列で質問し続けた名ジャーナリストの、見事な去り際。

No.47
Helen Thomas

ヘレン・トーマス

'20年生まれ、ジャーナリスト。ホワイトハウスの会見室の最前列中央に陣取り、時の政権に鋭い質問を浴びせ続けてきた。'13年7月20日、ワシントンの自宅で死去。

'13年7月20日、ヘレン・トーマスさんが亡くなった。92歳だった。彼女は、ホワイトハウスの記者会見でいつも最前列に座り、大統領への質疑応答の最後にいつも「ありがとうございました、大統領」と挨拶することで知られていた。'60年にUP通信（後のUPI）のホワイトハウス担当に選ばれてから'10年までの50年間、アイゼンハワーからオバマまで11人の大統領に質問してきた。記者の中で史上最長の現役期間だった。

女性初のホワイトハウス記者協会員でもあった。当時はまだ女性差別が酷く、記者協会恒例の晩餐会に女性は招待されなかった。怒ったトーマスさんは当時のケネディ大統領にそれを訴えた。ケネディは晩餐会をボイコットし、女人禁制は終わった。

トーマスさんは民主党と共和党、両方の大統領から信頼された。ニクソンがアメリカ大統領として初めて訪中した際も、トーマスさんだけを連れて行った。

しかし、ブッシュ政権はトーマスさんを嫌った。答えられない質問をするからだ。ブッシュがイラクを空爆した際、「作戦名は『イラクの自由』です」と発表した報道官に、彼女は「罪もない人々に爆弾を落とすとどうして自由になるんですか？」と質問した。それ以来、ブッシュ政権は最前列で手を挙げ続けるトーマスさんを無視するようになった。「今まで10人の大統領を経験したけど、ブッシュは最悪」。トーマスさんが漏らした言葉が右派マスコミに報道され、ブッシュ政権はトーマスさんの席を一番後ろに移動させた。

それでも彼女はあきらめずに手を挙げ続けた。イラク空爆から3年後の'06年3月、彼女はとうとうブッシュ大統領から指名され、質問した。「あなたがイラク攻撃の理由としてきたことは全て嘘でした。本当の目的は何ですか？」

ブッシュはしどろもどろになり、意味のある答えが返せなかった。

「イラク戦争について、記者たちはブッシュ政権と馴れ合いで、決して厳しい質問をぶつけませんでした。トーマスさんを除いて」

’06年4月の記者協会の晩餐会でコメディアンのスティーヴン・コルベアは記者たちを批判し、トーマスさんの肩を優しく抱いた。〝ホワイトハウス記者協会のファーストレディ〟とさえ呼ばれたトーマスさん。オバマは「彼女の質問を受けた時、本当に自分が大統領になったと実感したよ」と言った。

ところが彼女は90歳になる’10年、記者協会追放に追い込まれた。「イスラエルはパレスチナから出て行くべきよ」と言ったせいだ。イスラエル批判はアメリカのマスコミではタブーだ。彼女は「トーマスの両親はレバノンからの移民だから、トーマスは反ユダヤなんだ」と、出自まで攻撃された。

「辞任したけど悔いはないわ。本当のことを言ったから」

トーマスさんは最後まで「王様はなんで裸なんですか？」と聞いてしまう、まるで子どものような人だったのだ。

自閉症だから動物の気持ちがわかる。
家畜処理を変えた動物学者。

No.48
Temple Grandin

テンプル・グランディン

1947年生まれ。家畜の虐待防止や自閉症への啓蒙活動を行っている。彼女の半生を描いたテレビ映画『Temple Grandin』は大きな反響を呼び、エミー賞やゴールデングローブ賞を獲得した。

コロラド州立大学教授のテンプル・グランディンは4歳まで言葉が話せなかった。医者には自閉症と診断された。母親に触ることもできず、感情を示すことも、人の感情を理解することもできなかったグランディンの友達は、犬や馬などの動物だけだった。「動物は言語ではなく、映像や音で考えるから私に近かったんです」とのちにグランディンは言っている。

伯母の家を訪ねてアリゾナの牧場に行った彼女は、牛に予防注射をするための「締め付け機」を初めて見た。牛の体を板で両方から緩く挟むだけの仕掛けだが、牛はそれで大人しくなった。グランディンは自分でも試してみた。母親に抱かれることもなかった彼女は、生まれて初めて安らぎを得た。

大学の寮に入ったグランディンは周囲に溶け込めず、パニックに陥った。そこで「締め付け機」をマネた「ハグ・マシン」を自作して自分を落ち着かせたが、大学側はオナニーのための機械だと勘違いして破壊してしまった！

しかし、グランディンは大学を首席で卒業した。彼女は天才だった。見たものすべてを写真のように精密に記憶していた。それは自閉症者に多い能力だ。また、曖昧に概念化することができなかった。例えば「靴」と言われると自閉症の人の頭には、黒い革靴や、赤いハイヒールやスニーカー、その他、具体的な靴の映像が一斉に浮かぶ。その厳密な認識と驚異的な記憶力を活かして、彼女は大学院で、大好きな動物について研究し始めた。

グランディンはアリゾナの食肉加工場を視察した。そこでは、抵抗する牛たちが棒で突つかれ、時に電気ショックを与えられて、無理やり狭い通路に追い込まれて殺されていた。それを見て激しく心を痛めた彼女は、牛の気持ちを知るため、自分で四つん這いになって、加工場の通路を歩いてみた。滑りやすい足元や、鉄の鎖や、あらゆるものが彼女を怯えさせた。

「我々は動物を殺して食べるしかありません。せめて殺す時は安らかに死なせてあげたい」とグランディンは思った。

だが、当時の家畜業者は、これから殺す牛の心を気遣う必要などまるで理解できなかった。自分の母親とすら話すのが困難だったグランディンは、無理解なカウボーイたちを懸命に説得して回った。「動物はモノではありません」と。

そして彼女は画期的なシステムを設計した。牛が円を描くように移動する性質を利用し、通路がカーブを描くことで牛が自発的に進んで奥に入っていく。これなら牛は死ぬ瞬間まで恐怖を感じることがない。また、人手や手間もかからない。怯えた牛が暴走する事故も起こらない。後にアメリカやカナダの各州では法律で家畜に対する虐待が禁止されたこともあり、今は食肉加工場の半数が彼女の作ったシステムを使っているという。

'95年から、グランディンは各地で講演し、自閉症への理解を訴え、自閉症の子や親を励まし続けている。'10年、グランディンは、全米のエリート技術者や一流の経営者が集まるTEDカンファレンスのステージにウェスタン・シャツで現れ、「居心地いいわね」と挨拶した。「ここにいる人たちは、みんなちょっとは自閉症だから」

自分の乳ガンも笑いに変えるコメディアン。
不運の連続は、もはや一種のネタ帳?

No.49
Tig Notaro

ティグ・ノターロ

'71年3月4日、ミシシッピ州生まれ。アメリカのスタンドアップ・コメディアン。度重なる病魔や不幸をも、ジョークに変えて、笑いを誘うショーに注目が集まる。ガン告白ライブ『LIVE』のジャケ写は自分。

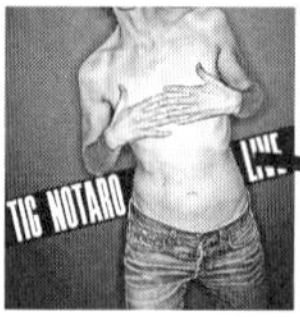

「こんにちは。私、ガンなの」

'12年8月3日の夜、ロサンジェルスのナイトクラブのステージに立ったコメディアンのティグ・ノターロは最初にこう挨拶した。お笑いトークを期待していた客は何かのジョークだと思って笑った。ノターロは詳しく説明した。

「昨日、医者から乳ガンだと言われたの。両乳房」

絶句した客をなだめて言った。「大丈夫よ、あなたはね」

ノターロはガンを宣告されるまでの人生を振り返り始めた。高校を中退したノターロは、低賃金労働で生計を立てながら、20年間も売れないコメディアンとして苦労してきた。40歳を過ぎてやっとテレビ出演が増えたところで、次々と災難がふりかかった。

まず肺炎で倒れ、今度はCディフ（クロストリジウム・ディフィシル）という細菌に腸をやられて、生死の境をさまよった。体重は10キロ以上落ちた。

「『すっごい痩せたわねえ。どんなダイエット法？』って聞かれたから、こう答えたわ。『Cディフっていうの。やってみる？　死ぬかもしれないけど』」

退院した後、すぐに母親が亡くなった。「転んで頭を打って死んだのよ。冗談じゃなくて」

母の葬儀を終えると、今度は彼女にフラれた。ノターロはレズビアンで、短髪に革ジャンでバイクを飛ばすボーイッシュな42歳だ。

そして、とどめの乳ガンの宣告。

「病院を出て、ぼーっと歩いてたら、『ちょっと、お兄さん』って声かけられた。こんな恰好だからよく男と間違われるんだけど、昨日は『待ってよ。まだおっぱい切ってないんだから』と思ったわ」

死ぬかもしれない。それでも、お腹はすく。「スーパーで食料品買いながら思ったわ。どうせ死ぬなら、なんで食べるんだろうって」

不運の連続に、いつもは信じてない神様を恨んだ。

「神様は『この女にはもっと苦難を味わわせてやれ』って思ってるんじゃない？　『どうだ、これでもか』って。それを見ていた天使が止めるわけ。『神様！　あんた何を考えてるんですか！』って。すると神様は、『この女はこれくらい大丈夫さ』って言うのよ」

その日、ノタ一ロはいつものお笑いトークをするつもりだった。

「でも、朝、シャワーを浴びながら思ったわ。この気分を隠してジョークを言うなんてできない。事実をそのまま話すしかないって」

客席には人気コメディアンのルイスＣＫがいた。ガンを宣告された直後の人の気持ちを聞くのも初めてなら、その話で笑わされたのも初めてだった。ルイスは客席からツイートした。「お笑い業界で27年働いてきたが、真に素晴らしい芸を見た経験は一握りしかない。今、目の前で起こっているティグ・ノタ一ロのトークがそれだ」

ルイスは自分のサイトでノタ一ロのガン告白ライブをポッドキャスト配信し、全米で病と闘う人々が笑いながら勇気づけられた。ノタ一ロは両乳房を切除し、その写真をガン告白ライブのＣＤジャケにした。今のところ転移はないらしい。

「試練を経て生まれ変わった気分よ。神様は正しかったわね。私はこのくらい大丈夫！」

思いがけない刑務所体験を赤裸々に執筆、刑法の制度の改善を訴え、一躍有名に。

No.50

Piper Kerman

パイパー・カーマン

'70年、ボストン生まれ。'10年に自らの刑務所生活を綴った著書『オレンジ・イズ・ザ・ニュー・ブラック』を出版。'13年には大人気TVドラマ『Weeds』を手がけた脚本家によってドラマ化された。

Orange is the new black（オレンジは新しい黒）という英語は「最新の流行はオレンジ色よ」という意味。でも、アメリカで人気のTVドラマと、その原作本の題名『オレンジ・イズ・ザ・ニュー・ブラック』のオレンジは、刑務所の囚人服を意味する。これはパイパー・カーマンという女性が刑務所体験を綴った回顧録だ。

カーマンは、弁護士や医者を多く輩出する良家の娘だったが、'93年に大学を出た後、ボヘミアン（アートや音楽を楽しみながら自由に生きる人々）の仲間に入り、ピアスやタトゥーをしてレズビアンも試し、ノーラという謎めいた30代の女性と恋に落ちた。彼女は金持ちだったが職業は不明だった。

ノーラはカーマンにお使いを頼んだ。「私のためにベルギーに行ってくれない？」。お使いはバッグいっぱいの札束を運ぶことで、ノーラがアフリカの麻薬王からヘロインを買った代金だった。カーマンは一度だけ運び屋をやったが、怖くなってノーラから逃げ、テレビ制作会社に就職し、雑誌編集者の彼と婚約した。

何もかも順調だったある日、カーマンは突然、逮捕された。警察に捕まったノーラが、5年前にカーマンが現金を運んだ件を供述したため、マネーロンダリングの罪で起訴されたのだ。懲役15か月の刑を宣告され、カーマンはコネチカット州の刑務所に入った。

そこはカーマンにとって初めての世界だった。２００人いる囚人の45％がプエルトリコ系などの中南米系、25％が黒人。カーマンのような白人は20％しかいない。しかも全体の4割が弁護士を雇う金もない貧困層だった。

ところが、思っていたほど恐ろしい場所でもなかった。その刑務所の囚人の多くは、麻薬所持やカード詐欺などで捕まった非暴力犯だった。彼女たちはたまたま道を誤った普通の女性たちだった。

また、受刑者の半分が母親で、里子に出された子どもたちを心配して苦しんでいた。妊娠中に収監され、刑務所で出産する例も少なくなかった。

　カーマンの疑問は次第に膨らんでいった。この刑務所の受刑者たちは、社会を脅かす存在ではなかった。それを収監するのは税金の無駄遣いではないのか？　アメリカでは、多すぎる受刑者が国や州の大きな負担になっている。

　刑務所は囚人をただ閉じ込めるだけで、薬物依存症のリハビリも、職業訓練も何も行わない。だから受刑者は釈放されても、前科者の烙印を押されたために職も得られず、また犯罪に手を染める。

　その後、カーマンの収監されている刑務所にノーラが入って来た。しかも同じ房で暮らすはめに！　カーマンは自分を警察に売ったノーラを憎んだが、彼女を責める気は消えていた。もう子どもではないのだから。

　その後、釈放されたカーマンは、ずっと彼女を待ってくれた婚約者と結婚し、母になった。そして刑務所生活を赤裸々に書いた本『オレンジ・イズ・ザ・ニュー・ブラック』はベストセラーになり、すぐにＴＶドラマ化されてヒット。その利益で、彼女はアメリカの刑法制度の改善のための運動を続けている。「目的とすべきは、犯罪者を罰することよりも、更生させることです」

人気インテリア・デザイナーが脱毛症に！
自伝『ハゲのマーメイド』はベストセラー。

No.51
Sheila Bridges

シーラ・ブリッジス

'64年7月7日、ペンシルベニア州フィラデルフィア生まれの人気インテリア・デザイナー。写真は'13年7月、映画『ザ・バトラー』の先行上映会にて。いまやスキンヘッドが彼女のトレードマークに。

'06年、筆者はカリフォルニア州オークランドのコンドミニアムを売りに出した。天井も壁も真っ白な部屋だったのだが、不動産のエージェントは窓側の壁一面だけをモスグリーンに塗ったほうが買い手にアピールすると勧めた。言われたとおりにやってみると、見違えるようだった。まず、白い天井とのコントラストで部屋が立体的に見える。モスグリーンは目に優しく、心が落ち着く。モダンだが同時にクラシック。しかも壁一面だけだから早くて安い。

このメソッドは、『タイム』誌に「アメリカ一のインテリア・デザイナー」と呼ばれたシーラ・ブリッジスが提唱したものだった。

ブリッジスは褐色の肌にゴージャスなカーリー・ヘアがトレードマークのアフリカ系女性で、ニューヨークの黒人街ハーレムに住む。同地に開設されたクリントン元大統領のオフィスの内装を担当し、「あのセクシーな美女はクリントンの新しい愛人?」とゴシップ紙で騒がれたこともある。

フィラデルフィアの歯科医の娘に生まれたブリッジスはIVYリーグのブラウン大学に進学したが、当時は黒人の女子学生は彼女一人だったという。その後、パーソンズ美術大学でデザインを学び、インテリア・デザイナーとして活躍し始めた。

ブリッジスは大富豪やロックスターにも雇われるが、これ見よがしに家具や飾りに大金をかけるわけではない。彼女がアレンジした部屋は、明るく、軽く、シンプルで、フレッシュで、しかも「居心地の良さと住みやすさがいちばん大事なの」。そんな彼女のセンスとテクニックを広く一般に伝えるテレビ番組も大人気。ところが…。

ある日突然、前髪がひと房、根元からポロッと抜け落ちた。それから髪の毛がいっきに抜け始めたのだ。医者に行くと「円形脱毛症」だと診断された。その病名はストレスで毛が抜けるものだと思われているが、間違っている。白血球が毛根の細胞を敵だと誤認して攻撃することで起こる免疫不全症候群なのだ。

脱毛を抑えるため、ブリッジスは何本ものステロイド注射を打ち続けた。漢方や鍼も試したが脱毛は止まらない。テレビ番組にはカツラをかぶって出演し続けたが「チクチクして我慢できない！」とすぐに外してしまう。

「40歳の誕生日、私は決めた。カミソリで残りの毛を全部剃って、ベッドに突っ伏して泣いた」

しかし、しばらく経って、ブリッジスは「髪は女性のシンボルだという固定観念に自分も縛られていた」と考えて、ツルツルの頭で外に出かけていった。

ブリッジスは自伝『ハゲのマーメイド』を出版、ベストセラーになった。

「ガンの化学治療中ですか？　と心配されることが多くて」というブリッジスは説明するのがあまりに面倒なので「私は脱毛症です。ガンではありません。ゲイでもありません」と書いたTシャツを作って着ていたことすらある。「この頭には慣れたけど、彼氏はなかなかできないわ。でも、今もハッピーエンドを夢見てるのよ」

アメリカ人の財布を見張る「お金の女神様」は
月給4万円の大衆食堂のコックだった。

No.52
Suze Orman

スージー・オーマン

1951年シカゴ生まれ。資産運営アドバイザー。『稼いだお金を失うな』『経済的自由への9つのステップ』『豊かになる勇気』などのベストセラーがある。ニューヨークのプラザ・ホテルに住み、資産は約20億円。

「お金の女神様」と呼ばれているスージー・オーマンのTV番組「スージー・オーマン・ショー」には、視聴者から次々と質問が寄せられる。「家を買ってもいいですか?」「車は?」「株投資は?」「美容整形は?」

金髪に青い眼、小麦色の肌、ワイルドな革ジャンを着たスージー・オーマンは、質問者の経済状況を細かく聞いていく。年収は? 貯金は? お子さんの人数と年齢は? そして最後に「あなたはそれが本当に必要ですか? それとも欲しいだけ?」

質問者の経済力と必要性を精査したオーマンは最終的に「買っていいです」または「ダメです」と裁定を下す。たいていは「ダメ」だ。

「人は買えると、必要でないものを買ってしまいます」。オーマンは言う。「アメリカ人は先進国でいちばん貯金が少ないだけではなく、借金を抱えています。ローンやクレジットカードで、年収以上のものが買えるからです。そうして借金に縛られ、死ぬまで不自由です。お金から自由になるには、稼ぐ額以内で生活をすることです」

オーマンはもともと、国際的投資銀行メリル・リンチの投資アドバイザーだったが、テレビでは投資を勧めるよりも止める時のほうが多い。その理由は……。

スージー・オーマンは29歳まで、ウチの近所、バークレーにあったバタカップ・ベイカリーというダイナー（大衆食堂）のコックだった。カウンターの内側で毎日、パンケーキや卵やソーセージを焼いていた。

彼女は幼い頃から、父のフライドチキンの屋台を手伝っていた。父は朝から晩まで働いたが、生活費と借金に追われ続け、貧しかった。それを見た彼女は大学で福祉を専攻した。しかし、聴覚の障害で、TとPなどいくつかの音の聴き分けや言い分けができないため、単位取得に苦労した。

オーマンは大学の途中でバンに乗って故郷のシカゴから西海岸に旅をした。そして西の果てバークレーに住み着いてしまった。2007年に彼女はレズビアンであることをカミングアウトしたが、同性愛に寛容なバークレーが暮らしやすかったのだろう。最初はバンの車内に寝泊まりしていた。

バタカップ・ベイカリーで彼女は人気者だった。客との会話がうまく、常連の好みを覚えて、的確な料理を出した。でも月給はわずか400ドル（約4万円）。「スージーが自分の店を持ったら、俺たち常連になるよ」という客たちが金を出し合って、開店資金5万ドルが集まった。

「専門家に預けたほうがいい」と言われたオーマンは5万ドル持ってメリル・リンチのドアを開けた。担当者は「もっと増やす方法がありますよ」と、その5万ドルで株を買わせた。全部消えた。自分の店を持つという夢も。

「投資について何も知らないから騙されたのよ！」そう思ったオーマンは、なんとメリル・リンチの新人募集の面接を受けた。何の知識も経験もないオーマンが採用されたのは、男女雇用機会均等法により、女性を雇わないとならないからだった。上司は「どうせ証券取引の資格試験に通らなくて辞めるさ」と思っていた。ところがオーマンは猛勉強して合格してしまったのだ。

優秀な株式ブローカーとして評価されたオーマンは、社員でいながら、メリル・リンチを訴えた。素人に充分に理解させないまま5万ドルを投資させた件だ。裁判に勝って彼女は5万ドルを取り戻した。

ところが生まれて初めてクレジットカードを持ったオーマンは、買い物をコントロールできずカード破産しそうになった。

そんな経験があるからこそ、オーマンは、不動産バブルが膨れ上がった2000年代も、投資を勧めなかった。しかしアメリカ中が熱に浮かされたように、借金しまくって不動産を買い、2008年に崩壊した。

当時、こんな夫婦がオーマンの番組に出たことがある。子どもがいるのに、医療保険も持たず、家のローンをクレジットカードで払って、そのカードの返済を別のカードで返済し、そのカードを……と29枚のカードで綱渡りを続けている……。「いいかげんにしなさい！」。オーマンは全米に放送されているのも忘れて大声で叱りつけた。

2013年からオーマンは、破産してカードが持てなくて困っている人のためのプリペイド・カードを始めた。手数料は取られるが、メールで使い過ぎの警告を受けられる……って子どもかよ！

No.53

Mary Barra

世界第2位の自動車会社GMのCEOはGMに育てられた「カー・ガール」

メアリー・バーラ

1961年、デトロイト郊外生まれ。2014年、GM（ゼネラル・モーターズ）のCEOに就任した直後、首都ワシントンでのオバマ大統領の一般教書演説に招かれた。オバマによるGM救済を成功させた立役者だからだ。

「GM（ゼネラル・モーターズ）にとって良いことはアメリカにとって良いこと」

かつてそう言われたほど、世界最大の自動車会社GMはアメリカを支えていた。自動車を組み立てる工場労働者だけでなく、部品を作る会社、全国のディーラーを含めて何百万人もの生活を抱えていたからだ。

しかし、70年代に石油価格が高騰すると、低燃費の日本車に売れ行きで負けて、以後、40年間も長期低落が続いた。21世紀には世界一の座もトヨタに奪われ、2008年の金融危機で、ついにGMは倒産した。

オバマ大統領は105億ドルの公的資金を投入してGMを救済し、国がその筆頭株主になった。そんなことをしてもGMはもうおしまいでは？　人々は悲観的だった。

それから5年、2013年12月にGMは国から株を買い戻した。つまり借金を全部返したのだ。GMの奇跡の復活を可能にしたのは、メアリー・バーラという女性だった。彼女はGMのCEOの座に就いた。世界の自動車会社で唯一の女性CEOだ。

メアリー・バーラはGMによって育てられた。父はGMのポンティアック工場で働く組み立て工だった。ちなみに、あのマドンナはメアリーより3歳上で、彼女の父も当時、ポンティアックの工場で働いていた。

メアリーは他の女の子と違って、自動車が大好きだった。10歳の時、いとこが乗るスポーツカー、シボレー・カマロを見て「なんて美しい車だろう」と憧れた。

高校を卒業するとGMが設立したGM工業大学に進み、エンジニアを目指した。19歳の時、ポンティアックの工場で実地研修した。その日から30年以上、GMで働き続けた。

アメリカの大企業では、彼女のような現場の技術者から経営のトップに登り詰める例は最近珍しい。特に経営が危なくなると、株主はよそから経営のプロを連れて来てトップに据える。メアリー・バーラの前のGMのCEOダニエル・アカーソンも、2009年にG

M立て直しのために、投資ファンド会社カーライル・グループから引き抜かれてきた。

しかしアカーソンは経営のプロではあっても自動車の素人だ。彼の片腕になったのが「カー・ガール」メアリー・バーラだった。

「倒産は本当に厳しい経験でした」バーラは回想する。GMは彼女の故郷であり親であり家族でもある。何がなんでも再建するしかない。

彼女はGMがダメになった根本的原因を今こそ解決しようとした。70年代からずっと、GMは性能や燃費、故障の少なさ、安さで日本車にかなう小型車を作れなかった。

No More Crappy Car（ダメ車は二度と作らない）！

それをモットーに、バーラは次々と魅力的な新商品を開発していった。あまりお金のない20代向けの小型車シボレー・クルーズ。アメリカで最も人気のある車トヨタのカムリに対抗するシボレー・マリブ。ベンツに対抗する高級車キャデクラックATSはカー・オブ・ザ・イヤーを受賞した。

中国とインドでの売れ行きも好調で、メアリー・バーラの2013年の年収は1140万ドルに達した。

夫は大学時代の学友で、経営コンサルタント。二人の間にはそろそろ自動車を運転する息子と娘がいる。「でも、息子が欲しがってもカマロはダメよ」とのこと。

小学校乱射事件を食い止めた、
帳簿係の苦難の人生。

No.54
Antoinette Tuff

アントワネット・タフ

800人の児童を虐殺から救った英雄として、2014年1月、オバマ大統領の一般教書演説に招待された。自伝『目的のための備え／いかにして一人の女性が学校銃撃を防いだか』もベストセラーに。

2013年8月11日、ジョージア州アトランタ郊外のローランド・E・マクネア小学校の帳簿係、アントワネット・タフは、事務所から、一人の男が校内に入るのを目撃した。男は真っ黒なシャツに真っ黒なズボン、腕には大きな銃を持っていた。ロシアの軍用ライフル、AK－47だ。

子どもたちを殺しに来たのね——。アントワネット・タフはすぐにそう思った。その8か月前、コネチカット州で小学校に入り込んだ男が銃を無差別乱射して6人の職員と20人の小学生を射殺した事件があったからだ。

「冗談じゃないぞ。弾丸は５００発持っている」。男はそう言って、彼女に銃を向けた。

警官隊が駆けつけ、裏口から全校生徒８００人を避難させ始めた。銃を持った警官たちが事務所に近づくのを見た犯人は警官を銃撃。警官たちも撃ち返した。最悪の事態だ。子どもたちはまだ校内にいる。

「やめて！　警察官を遠ざけて！」。タフは携帯電話で警察に呼びかけた。「私に犯人と話させてください」。タフは銃を突き付けられたまま、犯人の説得を始めた。「ベイビー、どうしてこんなことするの？」

「俺は……俺は死にたいんだ」

犯人はまだ20歳で、双極性障害に苦しんでいた。怒ると自分がコントロールできず、母親を殺そうとしたこともあった。「でも精神病院に入るよりは死んだほうがましだ」

「聞いて、私も自殺しようとしたのよ」。タフは自分の身の上を話し始めた。

アントワネット・タフが2歳の時、父は母と離婚し、他の女性と結婚した。母は病弱だったので、何年か後、アントワネットは父に引き取られ、継母にいじめられた。腹違いの妹は彼女に「あんたは何の役にも立たないクズよ」と言った。

高校の頃、母の家に戻ったが、母の看病のため、高校は中退せざるを得なかった。貧しかったが中学の頃からの恋人と結婚し、長女もできて、それなりに幸福だった。

次に生まれた長男デリックは生まれつき首が曲がっていた。先天性の斜頸だった。さらにデリックは言葉が不自由で、歩くことができず、目もよく見えていなかった。

「シャルコー・マリー・トゥース病」です。神経の伝達障害、筋萎縮などを起こす、原因も治療法も不明の難病だった。

それでもタフは一所懸命に働いて、ようやく娘を大学に入れた。ところが、結婚から三十三年を経たある日、夫が、他に女性がいることを白状した。どうして？

「性的な理由だ……。彼女は……君がしてくれないことをしてくれるんだ」

「あんたは何の役にも立たない」という言葉がタフに蘇った。彼女は、車が行き交う道路にふらふらと歩き出した。

「その時は止められたけど、離婚した後も何度も死のうとした。でも、できなかった。重い障害を持った息子がいるから……。今、私はこうして働いている。あなたも病院で治療してもらえば、なんとかなるものよ」

「……どうしたらいい？」犯人は言った。「もう警官を撃ってしまった。僕は射殺される」

「警官が撃てないように、私が一緒についていくわ」

アントワネット・タフの捨て身の説得で大虐殺は食い止められた。オバマ大統領は彼女に直接、電話して、その勇気を讃えた。

増加する一方の乱射事件を止めるため、大統領は精神病歴がある者への銃販売を規制しようと訴えているが、反対するＮＲＡ（全米ライフル協会）は、「学校の職員を武装させて乱射犯に備えたほうがいい」とバカげた主張をしている。いや、それよりは彼女みたいに「タフ」な職員がいればねえ。

「世界一醜い女」と呼ばれて奮起。
人々に希望と勇気を与える講演者に。

No.55

aaa

リジー・ベラスケス

1989年、テキサス生まれ。モチベーショナル・スピーカー。著書に『リジー　ザ・ビューティフル』『美しくあれ、自分自身であれ』などがある。

30年ほど前、筆者は大学生で、漫画研究会に所属し、夏休みは那須のヘルスセンターでバイトをしていた。お客さんの似顔絵を描いて500円もらう仕事だ。

ある日、筆者の前に座ったのは4歳くらいの、ミイラのようにやせ細った少女だった。体には一切の脂肪がない。肌は皺《しわ》だらけで、顔の骨に張り付いており、目だけが大きい。おそらく早老症の一種なのだろう。彼女は居心地悪そうにうつむいていた。でも、自分は彼女を見つめて、似顔絵を描かなければならないのだ。

リジー・ベラスケスは、その子とよく似た顔をしている。彼女は生まれつき体に脂肪や筋肉をつけることができない。体重は30キロしかない。同じ病気は全世界に数人しか確認されていない。

「私はいくら食べても太らないの。うらやましいでしょ?」

リジーは講演でそう語って聴衆を笑わせる。彼女は一日5千キロカロリー食べないと死んでしまうのだ。

「いつもチョコバーとかキャンディとかドーナツを山ほど持ち歩いて、15分おきに食べるの。体に全然、栄養を蓄えられないから、夜中にも何度も起きてベッドでお菓子を食べるのよ」

リジーが生まれた時、医師は両親に「お子さんが長く生きること、歩くこと、話すこと、考えることも期待しないでください」と言った。

病気のため、4歳で片目は失明した。しかし両親は彼女を大事に育てた。医師の予想に反して、リジーの知能に異常はなく、普通の学校に進学できた。

ただ、毎日が辛かった。友達はできなかった。夜、眠るたびに「朝、目覚めたら、普通の体になっていますように」と神に祈ったが、何も起こらなかった。

高校の時、リジーを勝手に撮った8秒間のビデオがYouTubeに投稿された。

「世界一醜い女」と題されて。コメント欄には「バケモノ」「死ねばいいのに」など汚い言葉が並んだ。サイバーブリー（ネットいじめ）だ。

「傷つきました。人間だから」リジーはしばらく泣いて暮らした。でも、自殺はしなかった。

「彼らの言うとおりになんかしない。私の人生は私が決める」

彼らに復讐するため、リジーは4つの目標を立てた。

「まず、モチベーショナル・スピーカーになって人々に希望と勇気を与えること。本を出版すること。大学を卒業すること。仕事で自立して、家族を作ること」

モチベーショナル・スピーカーというのは、日本では知られてない言葉だが、自分が成功した秘訣や苦難を克服した体験などを話して人々を元気づける仕事のこと。リジーはすぐにネットで見つけたモチベーショナル・スピーカーのエージェントに連絡し、彼女は高校時代から7年間で200を超える講演をこなした。

2010年には初の自伝『リジー　ザ・ビューティフル』も出版し、翌年にはテキサス州立大学を卒業した。テレビにも出演した。2冊目の本も出し、今は親元を離れて親友と二人で暮らしている。

「家族を作るのは大変だけど」彼女は胸を張って言う。「『世界一醜い女』とサイバーブリーとの戦いは……私の勝ちだと思うわ」

筆者は、那須のヘルスセンターで、その女の子の似顔絵を描く時、しばらくペンを動かせなかったが、とりあえず服から描き始めることにした。

「そのシャツ、キャンディ・キャンディだね」

「うん」彼女は微笑んだ。4歳の女の子の笑顔だ。その瞬間を描きとめようと頑張った。

出来上がった色紙を渡すと、彼女は大事そうに胸に抱えて帰って行った。

町山智浩
まちやま・ともひろ
映画評論家。コラムニスト。1962年東京生まれ。
早稲田大学法学部卒。宝島社に入社。1995年に雑誌『映画秘宝』創刊。
1997年渡米。現在カリフォルニア在住。
著書『〈映画の見方〉がわかる本』『ブレードランナーの未来世紀』『底抜け合衆国』
『USAカニバケツ』『アメリカ人の半分はニューヨークの場所を知らない』
『キャプテン・アメリカはなぜ死んだか』『トラウマ映画館』
『トラウマ恋愛映画入門』『教科書に載ってないUSA語録』など。週刊文春に連載中。
TBSラジオ「たまむすび」火曜日レギュラー。

55
Fabulous Women
in America

アメリカのめっちゃスゴい女性たち

2014年3月31日　第1刷発行

著者
町山智浩
発行者
石﨑 孟
発行所
株式会社マガジンハウス
〒104-8003 東京都中央区銀座3-13-10
書籍編集部 ☎03-3545-7030 受注センター☎049-275-1811
印刷・製本所
株式会社大日本印刷

ISBN978-4-8387-2646-2 C0076